챗GPT와 업무자동화

챗GPT와 업무자동화

1분 만에 끝내는 엑셀, 구글 시트, 파워포인트, 파이썬 자동화 with ChatGPT

지은이 김철수

펴낸이 박찬규 엮은이 윤가희, 전이주 디자인 북누리 표지디자인 Arowa & Arowana

펴낸곳 위키북스 전화 031-955-3658, 3659 팩스 031-955-3660

주소 경기도 파주시 문발로 115, 311호(파주출판도시, 세종출판벤처타운)

가격 18,000 페이지 272 책규격 152 x 220mm

1쇄 발행 2023년 03월 21일
2쇄 발행 2023년 04월 05일
3쇄 발행 2023년 10월 18일
4쇄 발행 2024년 11월 20일
ISBN 979-11-5839-428-8 (13000)

등록번호 제406-2006-000036호 등록일자 2006년 05월 19일
홈페이지 wikibook.co.kr 전자우편 wikibook@wikibook.co.kr

챗GPT와 업무자동화

1분 만에 끝내는 엑셀, 구글 시트,
파워포인트, 파이썬 자동화
with ChatGPT

김철수 지음

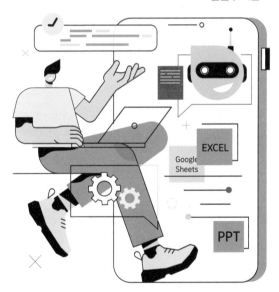

위키북스

PC 방 키보드를 보면 유독 W, A, S, D 키의 도색이 벗겨져서 글자가 잘 안 보입니다. 게임 할 때 캐릭터를 움직이는 방향키로 W, A, S, D 키를 사용하기 때문입니다. 사무실 키보드는 다른 키의 도색이 벗겨져 있습니다. Ctrl 키와 C, V 키입니다. 늘 뭔가를 복사하고, 붙여 넣고, 복사하고, 붙여 넣다 보니 복사할 때 쓰는 Ctrl, C 키와 붙여 넣을 때 쓰는 Ctrl, V 키가 빨리 닳습니다.

C 키가 '복사하기'가 된 이유는 C가 Copy를 의미하기 때문입니다. 그런데 V가 '붙여 넣기'가 된 이유는 무엇일까요? 붙여 넣기는 영어로 Paste이니 Ctrl+P가 붙여 넣기가 되어야 하는데 말입니다. V가 '붙여 넣기'가 된 이유는 제록스에서 처음 워드프로세서 프로그램을 개발할 때 Ctrl+C를 해서 복사한 다음 C 바로 옆에 있는 V 키를 이용해 붙여 넣을 수 있게 적용했기 때문입니다.

만약 붙여 넣기 기능을 P 키에 줬다면 지금쯤 많은 직장인은 왼손이 찢어졌거나 수많은 오타에 키보드를 부숴 버렸을지 모릅니다. 그렇다고 해서 제록스가 Ctrl+P 대신 Ctrl+V를 생각해 낸 것이 참 다행이라고 생각해야 할까요? 그러기엔 참으로 찝찝합니다. 왜냐하면 그 이후로 전 세계의 수많은 직장인이 Ctrl+C와 Ctrl+V의 노예로 살고 있으니까요.

우리는 이제 사무실에서 종이에 연필로 글을 쓰고, 숫자를 쓰고, 계산을 하고, 자를 대고 표를 그리지 않습니다. 아침에 회사에 출근했는데 신입사원이 영업팀 매출을 보고하려고 큰 전지에 표를 그리고 숫자를 넣어 합계를 계산하고 있으면 어떤 생각이 들까요? 저 친구는 엑셀도 못 다루나? 저 친구는 오피스를 못 다루나? 저 친구는 20세기에서 살다 왔나? 이런 생각이 들지 않을까요?

하지만 22세기에 사는 사람이 우리를 본다면 이런 생각을 하지 않을까요? 저 사람들은 왜 하루 종일 Ctrl+C와 Ctrl+V를 누르는 거지? 매크로나 VBA나 앱스 스크립트나 파이썬 같은 걸 쓰면 1분이면 끝날 일을 왜 저렇게 비효율적으로 하지? 업무 자동화를 왜 생각 못 하고 굳이 자기 시간과 노력을 들여서 저런 단순 반복 작업을 계속하는 거지?

사실, 우리도 변명 거리가 없진 않습니다. 입사하려고 컴퓨터활용능력 자격증도 따고 엑셀 책도 사서 열심히 함수 외우며 공부했습니다. 그런데 막상 직장에서 실무를 하다 보면 어쩔 수 없이 단순 반복해야 하는 일이 많습니다. 그렇다고 해서 컴퓨터 비전공자가 VBA나 앱스 스크립트나 파이썬이나 자바스크립트 같은 프로그래밍 언어를 배워야 할까요? 과연 그런 걸 며칠 배운다고 프로그래밍해서 업무를 자동화할 수 있을까요?

그런데 만약, AI가 이런 프로그래밍을 대신해 줄 수 있다면 어떨까요? 나는 프로그래밍 언어도 모르고, 프로그래밍 할 줄도 모르고, 배우려니 어렵고, 배울 시간도 없고, 배운다고 될 것 같지도 않은데, 이 모든 과정을 다 없애고 그냥 AI가 엑셀에서 쓰는 코드, 구글 시트에서 쓰는 코드, 파워포인트에서 쓰는 코드를 던져준다면요? 우리는 그냥 AI에게 원하는 것을 설명만 하고 요청만 하면 된다면요?

ChatGPT가 바로 이걸 해낼 수 있습니다. ChatGPT는 우리가 요청한 대로 코드를 짜 줍니다. 엑셀에서 사용하는 VBA 코드도 짜 주고, 구글 시트에서 사용하는 앱스 스크립트도 짜 줍니다. 웹 사이트를 만들 때 사용하는 HTML과 자바스크립트 코드도 짜 주고, 인공지능 개발과 빅데이터 분석에 사용되는 파이썬 코드도 짜 줍니다.

우리는 ChatGPT에게 코드를 요청하고, ChatGPT가 짜 준 코드를 사용해서 엑셀이든 파워포인트든 구글 시트든 뭐든 자동화할 수 있습니다. Ctrl+C와 Ctrl+V로 하루 종일 해야 했던 단순 반복 업무를 ChatGPT만 있으면 1분 안에 끝낼 수 있습니다. 믿기지 않는다고요? 이 책을 보면 이제 Ctrl+C와 Ctrl+V의 노예에서 해방될 수 있습니다.

이 책은 총 5부로 구성되어 있습니다. 1부에서는 ChatGPT가 무엇이고 어떻게 사용하는지 간단히 알려드립니다. 2부에서는 직장인이 가장 많이 쓰는 오피스 툴인 엑셀을 ChatGPT를 사용해서 자동화하는 방법을 알려드립니다. 가상의 인물인 김 주임의 실제 같은 엑셀 업무를 ChatGPT와 함께 해결하는 방법을 설명합니다. ChatGPT가 함수와 함수 사용법을 다 알려주기 때문에 이제 더는 함수를 외우지 않아도 됩니다. 3부에서는 엑셀에서 VBA를 사용하는 법을 알려드립니다. ChatGPT가 짜 주는 VBA를 어떻게 적용하는지, 오류가 생기면 어떻게 해결하는지, 코드를 더 잘 짜려면 어떻게 요청해야 하는지 알려드립니다. 4부에서는 요즘 많이 쓰는 구글 스프레드시트 자동화를 다룹니다. 마이크로소프트의 오피스 툴이 VBA를 사용해서 자동화를 한다면, 구글의 워크스페이스 툴은 앱스 스크립트를 사용합니다. ChatGPT가 짜 주는 앱스 스크립트를 가지고 데이터를 정리하고 메일을 보내는 것까지 해보겠습니다. 마지막 5부에서는 ChatGPT를 이용해서 지메일과 구글 캘린더 데이터 추출, 파워포인트 디자인 통일하기, 파이썬으로 뉴스 수집하기, 간단한 웹페이지 만들기, D3로 데이터 시각화하기 등 ChatGPT의 다양한 활용법을 알려드립니다.

그동안 우리는 단순 반복 업무를 후배나 인턴, 아르바이트생에게 맡겼습니다. 이렇게 발생한 비용 때문에 우리의 업무 생산성은 높아지지 않았습니다. 게다가 단순 반복에 드는 시간을 줄이지 못해서 많은 기회도 놓쳤습니다. 단순 반복 업무가 많아서 내가 이런 일 하려고 입사했나 하는 자괴감에 빠지기도 했습니다. 하지만 이제 단순 반복 업무는 인공지능이 하고, 사람은 사람다운 일을 해야 할 때입니다.

ChatGPT는 사람의 직업을 대체하지 않습니다. 모든 사람이 본연의 업무에 집중할 수 있도록 단순 반복 업무를 대신하거나, 아주 빠르게 하도록 도와주는 것뿐입니다. 모든 보통 직장인에게 부사수 100명이 달라붙어서 공짜로 일을 도와주는 것과 같습니다. 그런 기회를 놓치지 마십시오. ChatGPT가 사람을 대체하는 것이 아니라, ChatGPT를 쓰는 사람이 ChatGPT를 쓰지 않는 사람을 대체합니다.

수십 년 전, 직장에서 PC를 가지고 일하는 것이 처음에는 이상하고 어색하고 기분 나쁘면서 반갑고 즐겁고 했습니다. 하지만 어느새 우리 모두 PC로 일하고 있고, 이제 PC 없이 일할 수 없습니다. ChatGPT와 같은 AI도 마찬가지입니다. 이제 ChatGPT와 같은 AI와 일하는 시대가 왔습니다. 처음에는 이상하고 어색하고 기분 나쁘면서 반갑고 즐겁고 할 겁니다. 하지만 금방 익숙해집니다. 인터넷으로 검색하고 스마트폰으로 사진 찍는 것처럼 금방 익숙해집니다. 그리고 업무 효율이 부쩍 올라가고 여유 시간이 점점 늘어나는 것을 느낄 겁니다.

AI와 일하는 시대에 이 책이 좋은 첫걸음이 되었으면 좋겠습니다.

나에게 언제나 ChatGPT 같은 아내에게…

2023. 2. 14.
김철수 씀

본문 내용을 시작하기에 앞서 이 책의 예제 파일 다운로드 방법에 대해 설명합니다.

도서 홈페이지

이 책의 홈페이지 URL은 다음과 같습니다.

- **도서 홈페이지**: https://wikibook.co.kr/chatgpt-automation/

이 책을 읽는 과정에서 내용상 궁금한 점이나 잘못된 내용, 오탈자가 있다면 홈페이지 우측의 [도서 관련 문의]를 통해 문의해 주시면 빠른 시간 내에 안내해 드리겠습니다.

예제 파일 내려받기

1. 도서 홈페이지의 [관련 자료] 탭을 클릭하면 아래와 같이 예제 파일이 있습니다. [예제 파일 다운로드] 링크를 클릭하면 예제 파일을 내려받을 수 있습니다.

책 소개	출판사 리뷰	지은이	목차	예제 코드	정오표	관련 자료

- 예제 파일 다운로드: https://github.com/wikibook/chatgpt-automation/archive/refs/heads/main.zip

2. 내려받은 압축 파일을 더블 클릭해 압축을 풉니다.

3. 압축을 해제한 폴더로 이동하면 이 책에서 실습에 활용한 예제 파일이 들어 있습니다.

목차

1

부사수 대신
ChatGPT

2

ChatGPT로
엑셀 자동화 시작하기
– 이제 함수 안 외워도 된다

3

ChatGPT로 엑셀 매크로 VBA 사용하기
– 코딩 못 해도 매크로와 VBA를 쓸 수 있다

4

ChatGPT로
구글 시트 자동화하기
– 엉망인 설문 결과 바로잡기

5

기타 오피스 도구
자동화하기
– 뭐든 다 자동화할 수 있다

챗**GPT**와
업무자동화

1

부사수 대신
ChatGPT

1

ChatGPT 하나가
신입사원 열보다 낫다고?

3년 차 막내 김 주임에게 부사수 신입사원이 생기다

중견 식품업체 마케팅팀 3년 차 김 주임에게 오늘은 특별한 날이다. 지난 2년 동안 팀의 막내로서 해왔던 온갖 잡다한 조사와 정리, 엑셀 데이터 수정과 보고, 마케팅 운영과 대응 같은 일에서 벗어나게 됐다. 신입사원이 들어오기 때문이다.

김 주임은 평소보다 1시간 일찍 출근했다. 아침부터 신입사원에게 업무 교육을 하기 위해서다. 몇 주 정도 가르쳐주고 나면 김 주임은 잡다한 반복 업무에서 해방이다.

사무실에 모두 출근하고 9시 반이 조금 지났다. 원래 신입사원 소개가 9시 30분에 있다고 했는데, 아직 인사팀에서 소식이 없다. 인사팀 오리엔테이션이 늦어지나 생각하며 김 주임은 신입사원에게 알려줄 업무를 계속 정리했다.

- 지점별 예상 매출(파이프라인) 엑셀 파일 검토하기
- 팀원 주간 업무보고 파일 하나로 정리하기

- 쇼핑몰 경쟁 제품 데이터 수집해서 정리하기
- 제안서 디자인 통일하기
- 마케팅 자료 오타나 서식 안 맞는 것 찾아 고치기
- …

그때 드디어 신입사원 온보딩을 담당하는 인사팀 홍 과장이 왔다. 바로 마케팅팀장 자리로 가서 팀장과 조용히 얘기하더니 그냥 돌아가 버렸다. 김 주임은 '뭐지? 신입사원은 어딨지?' 하며 사무실을 둘러봤다. 그 어디에도 신입사원은 없었다. 그때 팀장 바로 앞에 있던 이 차장이 팀장에게 물었다.

"팀장님, 왜요? 인사팀에 뭔 일 있답니까?"

"응. 오늘 들어오기로 한 신입사원 있지? 안 온대."

신입사원이 입사하자마자 퇴사하다

김 주임은 순간 귀를 의심했다. 신입사원이 안 오다니? 왜? 이 차장이 물었다.

"에휴, 그저께 영업팀 신입사원도 출근 첫날에 그만뒀다더니 이번에는 왜 안 온대요?"

"인사팀도 파악 중인데, 누가 알겠어. 요즘 신입사원 뽑아도 절반이 1년 안에 그만둔다는데, 뭐."

"쯧쯧. 우리 그렇게 일 안 많은데, 블라인드인가 무슨 직장인 익명 커뮤니티에서 소문이 그렇게 나서 참… 암튼 우리야 뭐 상관없지만, 김 주임이 힘들겠네요. 어이, 김 주임."

"에?"

김 주임은 얼떨결에 반말로 크게 대답했다.

"네? 네? 저야 뭐… 하하하. 괜찮습니다, 뭐…"

"그래도 김 주임이 좋아했는데 아쉽게 됐네요. 올해는 새로 못 뽑을 거고, 다른 팀에서 전배도 못 올 거고… 내년에 다시 뽑아야겠네요. 김 주임이 한 해 더 고생해야겠네. 아니지, 김 주임! 점심에 위로 밥 사 줄게."

"네… 말씀만이라도 고맙습니다… 잠시만 좀 화장실 다녀오겠습니다."

김 주임은 풀이 죽은 채 일어나서 화장실로 향했다. 대변기에 앉아 한참을 황당해하다 일어서서 세면대에서 손을 씻었다. 그때 입사 동기 최 대리가 옆에서 불렀다.

"어, 김 주임! 오랜만이야."

"어, 최 대리? 여긴 웬일이야?"

최 대리는 김 주임과 나이도 같고 입사 동기다. IT 직군으로 들어와서 그룹 IT 계열사에서 일한다. 워낙 실력 있고 성과도 잘 내서 최근 입사 동기 중 가장 빠르게 대리로 승진했다.

"아, 이번에 마케팅 관리 시스템 관련해서 조사 좀 하러 나왔지. 넌 요즘 어때?"

"아이고, 말도 마. 오늘 신입사원 들어오는 날인데 출근을 안 했어. 미치겠다."

"아이고, 어떡하냐? 요즘에 신입사원 뽑기도 어렵고 뽑아도 다 나가고. 우리 때랑은 좀 달라. 하하하. 아무튼 너무 속상해하지 말어. 요즘엔 AI가 신입사원이니까. 최근에 나온 ChatGPT를 써봐. 그게 신입사원보다 100배 나아."

김 주임, ChatGPT를 처음 배우다

"머? 챗지피티?"

"응, 영어로 ChatGPT. 이리 와봐. 내가 가르쳐줄게. 이거 하나 잘 배우면 신입사원 업무 절반은 자동화할 수 있거든."

최 대리는 김 주임을 끌고 회의실로 가서 노트북을 열었다.

"일단 네가 오늘 신입사원 들어오면 시키려고 한 일 있지? 그게 뭐야?"

"내가 어제 하루 종일 영업지점 120곳의 다음 달 영업 파이프라인을 정리 했거든. 파이프라인은 영업 기회가 실제 거래로 이루어지는 건을 말해. 영업 사원이 영업 기회를 적으면서 다음 달 예상 매출을 찾는데, 우린 거기서 잘못 된 것이 있는지 찾는 일을 해. 일단 찾고 나면 해당 지점에 연락해서 확인하고 수정하는 거지."

"그럼 일단 엑셀에서 잘못된 것을 찾는 게 우선이네? 그거 하는 데 얼마 걸 리는데?"

"내가 꼼꼼히 하면 한 시간 정도 걸리지. 신입사원은 한나절 정도 시키려고 했지."

최 대리는 손등으로 입술을 닦으며 말했다.

"내가 1분 안에 해결해줄게."

"뭐? 1분? 신입사원이 한나절 할 일을 1분? 나도 그거 1년 넘게 해서 능숙 해져서 이제 1시간에 끝내는데? 참, 너야 당연히 IT 쪽이고, 프로그램 개발도 잘하니까 뭐 자동화 소프트웨어 같은 거 쓰거나 만들어서 할 수 있겠지. 근데 난 프로그램의 프도 몰라. 코드 한 줄 짤 줄도 몰라."

"그런 거 몰라도 돼. ChatGPT가 함수든 코드든 다 짜주고 디자인도 다 해 줘. 일단 노트북 가져와봐. 내가 ChatGPT 쓰는 법부터 알려줄게."

김 주임은 일단 노트북을 가져왔다. 괜히 미심쩍었다. 프로그램을 설치한다는 것도 마음에 안 들었다.

"자, 노트북 가져왔어. 그런데 뭘 설치할 건데? 이거 보안도 걸려 있고 해서 이상한 프로그램은 설치 못 해. 그리고 괜히 프로그램 깔아서 바이러스 걸리는 거 아니지?"

최 대리는 웃으며 손을 내저었다.

"하하하. 이거 프로그램 설치하는 거 아냐. 그냥 웹사이트야. 웹사이트에 들어가서 회원 가입하고 쓰면 되는 거야. 아무튼 네가 알아야 할 것을 종이에 적어줄게."

최 대리는 종이를 한 장 꺼내서 적기 시작했다.

1. ChatGPT에 접속해서 회원 가입하기
2. ChatGPT 사용하는 법
3. ChatGPT에게 질문하고 요청하는 법

"자, 이 3가지만 일단 배워 보자고. 그다음에 네가 아까 말한 일을 1분 안에 다 끝내게 해줄게."

"그래. 일단 따라 해볼게."

김 주임은 마지못한 표정으로 최 대리의 말을 들으며 따라 하기 시작했다.

2
ChatGPT에 접속해서
회원 가입하기

ChatGPT는 초거대 대화형 언어 모델이다. 대화의 Chat과 생성 사전 학습 변형기(Generative Pre-trained Transformer)의 앞 글자를 딴 것이다. 문장이나 이미지를 생성(Generative)하는 인공지능(AI)인데, 사전에 엄청난 양을 학습한 트랜스포머(Transformer) 모델이다. 트랜스포머 모델은 언어처럼 순서에 의미가 있는 데이터에 특화된 인공지능 모델이라고 생각하면 된다. 예를 들어 '나는 밤새 일했다. 지금 피곤하다.'라는 문장은 순서 때문에 인과관계가 있음을 알 수 있다. 단순히 단어의 집합이 아니라 단어를 어떻게 배열하느냐에 따라 의미가 달라진다. 쉽게 말하면 엄청나게 많은 데이터를 학습해서 사람의 질문에 대한 답을 글로 쓸 수 있는 인공지능이다. 언어 모델이란 어떤 질문을 받았을 때 대답을 만들어내는 것을 말한다. 사람이 "음… 그건… 음…"하며 다음 단어나 문장을 생각해내는 것과 같다. ChatGPT는 브라우저로 서비스되는 일종의 웹사이트이며 주소는 다음과 같다.

https://chat.openai.com

ChatGPT를 만든 OpenAI(https://openai.com)는 미국의 인공지능 기업이자 비영리 단체다. 2015년 10월에 테슬라의 일론 머스크, 와이 콤비네이터의 샘 알트먼, 링크드인의 레이드 호프만, 페이팔의 피터 틸 등이 투자해 설립했다. 2019년에는 마이크로소프트가 1조 원을 투자했다.

2022년 11월 30일, ChatGPT는 웹으로 무료 서비스를 시작했다. 사용자가 1억 명이 넘기까지 인스타그램은 2년 반이 걸렸고, 틱톡은 9개월이 걸렸다. ChatGPT는 불과 두 달 만에 사용자가 1억 명이 넘었다. 처리 속도가 늦어지자 빠른 속도를 보장하는 유료 서비스를 내놓았다. 물론 일반 사용자는 무료 서비스로도 충분하다.

ChatGPT 운영사는 OpenAI이므로 OpenAI 홈페이지에서 접속 가능하다. https://openai.com/에 접속해서 화면 아래쪽으로 조금 내려가면 ChatGPT 소개가 나오는데, 거기서 **[Try ChatGPT]** 링크를 클릭하면 된다.

또는 https://openai.com/blog/chatgpt/에서 화면 왼쪽 아래에 있는
[TRY CHATGPT] 버튼을 클릭해서 접속할 수도 있다.

바로 접속하려면 다음 주소를 사용하면 된다.

https://chat.openai.com/

접속하면 바로 회원 가입부터 하라고 나온다. **[Sign up]** 버튼을 눌러 회원
가입을 하자.

회원 가입은 이메일, 또는 구글이나 마이크로소프트 계정으로 할 수 있다. 가입을 완료하면 무료로 바로 사용할 수 있는 메인 화면으로 넘어간다.

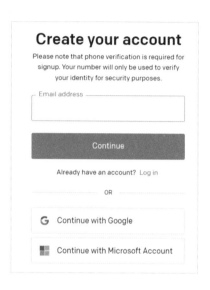

이메일로 가입하기

이메일로 가입하려면 이메일 주소 입력창에 이메일을 입력하고 [Continue] 버튼을 클릭한다. 바로 비밀번호를 입력하라고 나온다. 비밀번호는 8자 이상이어야 한다.

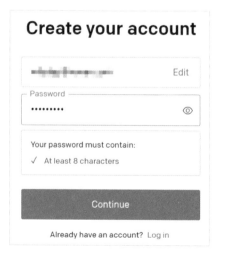

비밀번호 입력을 완료하고 [Continue] 버튼을 클릭하면 이메일을 인증하라는 메시지가 나온다.

Verify your email

We sent an email to wtoday@naver.com.
Click the link inside to get started.

Resend email

회원 가입에서 사용한 이메일 서비스로 가서 확인하면 "OpenAI – Verify your email"이라는 제목으로 메일이 하나 와 있을 것이다. 메일 제목을 클릭해 보면 [Verify email address] 버튼이 있다. 이 버튼을 클릭하자.

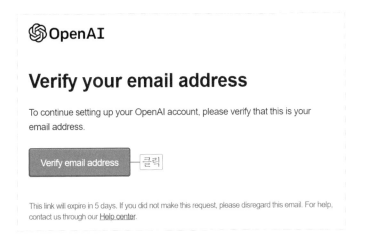

그러면 이메일 인증이 완료되었다는 메시지가 나온다. 메시지 중에 [login] 링크를 클릭해서 로그인하면 된다.

Email verified

Your email was verified but you are no longer authenticated. Please return to the device where you began sign up and refresh the page, or login on 클릭 device to continue.

Please contact us through our help center
if this issue persists.

구글 계정으로 가입하기

회원 가입 화면에서 [Continue with Google]을 클릭하면 구글 계정으로 가입할 수 있다.

회원 가입에 사용할 구글 계정을 선택하고 나면 이름을 정하라고 나온다. 적절한 이름을 입력하고 [Continue]를 클릭한다.

이제 휴대폰 인증을 해야 한다. 국적은 자동으로 선택되니 한국 내에 있다
면 바로 010으로 시작하는 휴대폰 번호를 입력하고 [Send code]를 클릭한다.

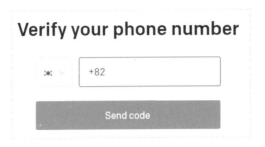

휴대폰으로 SMS 문자가 전송되면 문
자에 포함된 6자리 숫자를 입력한다.

이렇게 하면 회원 가입이 정상적으로 완료되고 로그인도 자동으로 된다.
회원 가입 시점 등에 따라 프라이버시나 커뮤니티 모드 등을 설명한 뒤 확인
하라는 메시지가 나타날 수 있다. 서비스 개선을 위한 데이터 수집 정도로 생
각하면 된다.

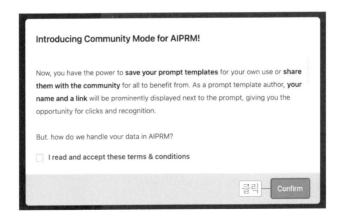

회원 가입이 정상적으로 완료되면 바로 ChatGPT 첫 화면으로 넘어간다.

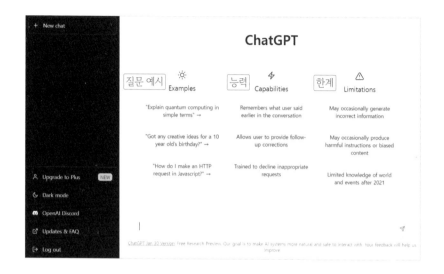

첫 화면에 가운데에 영어로 여러 글이 써 있는데, 내용을 의역하면 다음과 같다.

Examples(질문 예시)

- "퀀텀 컴퓨팅을 간단한 말로 설명해 줘"

- "10살 아이의 생일을 위한 어떤 창의적인 아이디어가 있니?"

- "자바스크립트로 HTTP 리퀘스트를 어떻게 만들지?"

Capabilities(ChatGPT의 능력)

- 대화에서 사용자가 말한 것을 기억한다.

- 사용자가 자신의 대화를 수정할 수 있다.

- 부적절한 질문이나 요청은 거부하도록 훈련되었다.

Limitations(ChatGPT의 한계)

- 가끔 부정확한 정보로 대답할 수 있다.

- 가끔 유해한 지시나 편향된 내용으로 대답할 수 있다.

- 2021년까지의 데이터로 학습했으므로 그 이후에 일어난 일이나 지식은 모른다.

3
ChatGPT 사용하는 법

질문하고 요청하는 법

사용법은 정말 간단하다. 화면 아래 입력창에 질문을 입력하고 엔터를 치거나 종이비행기 아이콘을 클릭하면 된다. 이때 입력창에 질문하는 내용을 프롬프트(prompt)라고 한다. '안녕'도 프롬프트가 될 수 있고, '너는 누구니?'도 프롬프트가 될 수 있다. 프롬프트는 그냥 질문이나 요청이라고 생각하면 된다.

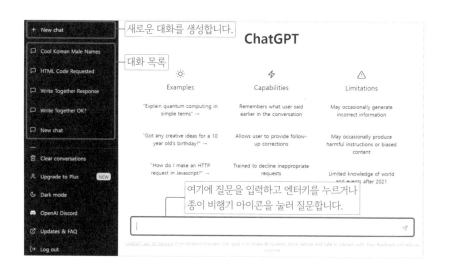

일단 질문이나 요청을 하면 왼쪽 사이드 패널 위에 대화 목록이 하나 만들어지고 해당 목록에서 대화를 계속 이어갈 수 있다. 새 대화를 원하면 왼쪽 사이드 패널 맨 위에 있는 [+ New chat]을 클릭하면 된다.

입력 창에 질문이나 인사를 입력하면 ChatGPT가 마치 사람이 '음…'하며 생각하듯이 커서를 깜박이다가 바로 대답한다. 사용자가 많으면 대답이 조금 늦거나 오류가 발생한다. 이때는 화면 아래쪽의 [Regenerate response]를 클릭하면 된다.

방금 입력한 말을 수정해서 다시 입력하고 싶으면 내가 한 말에 마우스를 가져다 대면 나오는 수정 아이콘을 클릭하면 된다.

화면에서 나타나는 기능은 확장 프로그램 사용 여부에 따라 다소 달라질 수 있다.

한국어? 영어?

ChatGPT는 한글로 물으면 한글로, 영어로 물으면 영어로 대답한다. 물론 영어로 물으면서 한국어로 대답하라고 하면 한국어로 대답한다. 다만, 한국어로 계속 얘기하다 보면 영어로 대답할 때가 있다. 한국어 데이터가 없거나 사용자가 많을 경우에 종종 이런 현상이 나타난다.

ChatGPT가 영어로 대답하거나 처음부터 영어로 대화한 것을 번역할 때 좀 더 편하게 이용하려면 크롬 브라우저의 '프롬프트 지니: ChatGPT 자동 번역기' 같은 확장 프로그램을 설치해 사용하면 된다. 따로 번역기를 사용한다면 파파고(https://papago.naver.com/)나 DeepL 번역기(https://www.deepl.com/) 등을 사용하면 된다.

이 책에서는 ChatGPT가 영어로 대답한 경우 파파고를 사용해서 번역했다. 물론 더 자연스럽게 한글로 번역하는 서비스도 있고, 필자가 직접 문장을 매끄럽게 다듬을 수도 있다. 하지만 번역체가 왠지 AI스럽기도 하고, AI만의 문체 같은 느낌이 있어서 최대한 그대로 두었다.

유료 서비스도 있다

유료 서비스의 이용료는 월 20달러이며, 유료 서비스를 이용하면 사용자가 많을 때도 응답하고 응답 속도도 무료보다 빠르다. 하지만 보통 사용자에게는 무료 수준으로도 충분하니, 일단 무료로 쓰면서 반응이나 속도를 보고 유료 서비스를 사용할지 결정해도 늦지 않다.

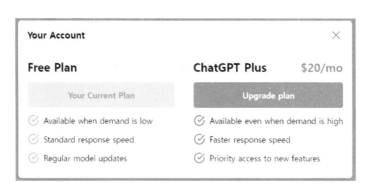

4
ChatGPT에게
질문하고 요청하는 법

알고 써야 하는 ChatGPT의 특성 3가지

ChatGPT는 몇 가지 특성을 가지고 있다. ChatGPT의 특성을 충분히 이해해야 ChatGPT에게 제대로 질문하고 제대로 요청할 수 있고, ChatGPT도 우리에게 제대로 대답할 수 있다. 3가지 특성을 알아보자.

첫째, ChatGPT는 2021년까지의 데이터만 학습했다. 앞으로 나오는 AI는 실시간으로 인터넷에 등록되는 데이터를 학습하겠지만, ChatGPT는 2021년까지의 데이터만 학습했다. 따라서 ChatGPT에게 최근 지식이나 데이터를 물어보면 대답을 못 하거나 과거의 사실을 현재 사실처럼 얘기한다.

 너는 언제까지 데이터를 학습했니?

 저는 2021년 9월까지의 데이터로 학습되었습니다. 그 이후로는 새로운 데이터로 추가적인 학습이 이루어지지 않았습니다. 하지만 저는 기계학습 알고리즘을 사용하여 더 많은 데이터를 효율적으로 학습할 수 있습니다.

오피스 업무 자동화에 대해서는 오피스의 최신 버전을 모를 수 있다. 예를 들어 올해 새로 나온 엑셀 버전을 ChatGPT는 전혀 몰라서 대꾸하지 못할 수도 있다. 올해 새로 추가된 파이썬 라이브러리 같은 것도 모를 수 있다. 하지만 새로운 출시 내용이 2021년 9월 이전에 인터넷에 올라왔거나 ChatGPT가 최신 데이터를 학습했다면 어떻게든 대답할 것이다.

 엑셀 2023 버전에 대해 알려줘

 제가 알기로는 현재 시점(2023년 2월)에서는 아직 Microsoft에서 엑셀 2023 버전을 출시하지 않았습니다. Microsoft 엑셀의 최신 버전은 2021 버전이며, 이전 버전과 마찬가지로 수많은 기능과 도구를 제공합니다.

Microsoft는 일반적으로 새로운 엑셀 버전을 출시할 때, 이전 버전의 기능을 개선하고 새로운 기능을 추가하여 업그레이드합니다. 새로운 기능은 Microsoft Office 블로그를 통해 공지되며, 업그레이드가 이루어지는 시점도 Microsoft에서 공지됩니다.

따라서, Microsoft 엑셀 2023 버전에 대한 자세한 정보는 아직 제공되지 않았지만, 엑셀을 사용하는 사용자라면 새로운 업그레이드가 출시되는 경우 Microsoft의 공식 채널을 통해 알림을 받을 수 있습니다.

둘째, ChatGPT는 사용자와 지금 나누고 있는 대화를 기억한다.

ChatGPT는 대화형 거대 언어 모델이다. 사람과 대화하면서 사람이 묻거나 요청한 것을 계속 기억한다. 더 정확히는 기억이라기보다는 사람이 앞에서 물었던 것을 다시 입력값으로 계산한다. 여기에 더해, ChatGPT가 대답했던 것도 입력값으로 계산한다. ChatGPT와 자연스럽게 대화를 주고받을 수 있다는 말이다.

오피스 업무 자동화도 이것 때문에 가능하다. 오류가 났을 때 해결하는 방법인 디버깅(Debbuging)을 ChatGPT와 할 수 있다. ChatGPT가 제시한 코드가 작동이 안 될 때 오류 메시지만 ChatGPT에게 물어도 ChatGPT가 알아서 앞에서 대답한 코드에서 문제를 찾아 해법을 내놓는다.

 현재 시간을 출력하는 엑셀 VBA 코드를 알려줘. 코드에 상세한 주석을 달아 줘

```
Sub PrintCurrentTime()
    Dim currentTime As Date
    currentTime = Now()
    MsgBox "현재 시간은 " & Format(currentTime, "hh:mm:ss AM/PM")
& " 입니다."
End Sub
```

 코드에서 currentTime = Now() 이 무슨 의미야?

 currentTime = Now()는 현재 시간을 Now() 함수로 가져와 currentTime 변수에 할당하는 코드입니다.

...

 네 번째 줄 코드는 무슨 뜻이야?

 네 번째 줄 코드인 MsgBox "현재 시간은 " & Format(currentTime, "hh:mm:ss AM/PM") & " 입니다."는 메시지 박스를 통해 현재 시간을 출력하는 코드입니다.

...

셋째, ChatGPT는 어떤 식으로든 대답한다. 이것은 양날의 검이다. 사람을 대신해서 인터넷의 모든 곳을 뒤졌다는 의미이기도 하면서, 동시에 허풍이

나 거짓을 말할 수도 있다는 의미이기 때문이다. 이는 물론 ChatGPT가 일부러 거짓말하거나 허풍을 떠는 것이 아니라, 데이터와 알고리즘, 물리적 한계 등으로 AI에게 어쩔 수 없이 나타나는 현상이다.

오피스 업무 자동화에 대해서는 잘못된 코드를 만들어주거나 없는 함수나 기능을 설명할 수도 있다. ChatGPT도 최대한 제대로 된 코드, 작동하는 코드, 오류 없는 코드를 알려주려고 노력하겠지만, 어느 정도 한계는 인정해야 마음 편히 사용할 수 있다. ChatGPT가 주는 코드를 어느 신입 개발자가 짜서 주는 코드 정도로 생각하고, 틀린 부분이 있을 수 있다는 것을 인정하고 보자.

예를 들어 아래아한글에서 표 서식을 바꾸려면 아래아한글에 있는 스크립트 매크로를 사용하거나, 파이썬으로 PC에서 프로그램을 만들어야 한다. 구글 앱스 스크립트는 구글 서비스에서만 작동하므로 아래아한글의 표 서식을 바꾸는 구글 앱스 스크립트는 존재할 수가 없다. 그런데도 ChatGPT에게 요청을 하면 어떻게든 코딩을 해준다. 하지만 실제로는 작동하지 않는다.

 아래아한글에서 표 서식을 바꾸는 구글 앱스 스크립트를 짜 줘

 아래아한글에서 표 서식을 바꾸는 구글 앱스 스크립트는 다음과 같이 작성할 수 있습니다.

```
function changeTableFormat() {
var body = DocumentApp.getActiveDocument().getBody();
var tables = body.getTables();



    for (
        ....
```

구글 앱스 스크립트에서 아래아한글 표 서식을 바꿀 수 있는 방법은 없다.

프롬프트 잘 쓰는 법 4가지

ChatGPT의 특성을 고려하면 ChatGPT에게 어떻게 질문하고 요청해야 하는지 알 수 있다. 일단 ChatGPT에게 질문하고 요청하기 위해 사람이 입력하는 텍스트를 **프롬프트(Prompt)**라고 한다. 프롬프트가 뭔지 ChatGPT에게 물어보자.

프롬프트가 뭐지?

프롬프트(Prompt)는 컴퓨터에서 명령어를 입력할 수 있는 인터페이스를 제공하는 텍스트 상자 또는 라인입니다. 일반적으로 명령어를 입력하기 위해 사용자에게 대기 상태를 표시하며, 컴퓨터가 입력을 받을 준비가 되었음을 나타내기 위해 사용됩니다.

예를 들어, 명령 프롬프트(command prompt)는 사용자가 명령어를 입력할 수 있는 텍스트 상자를 의미합니다. 명령 프롬프트는 일반적으로 운영 체제에서 사용되며, 사용자가 명령을 입력하고 실행할 수 있는 CLI(Command Line Interface)를 제공합니다.

이렇게 보면 구글 검색도 일종의 프롬프트라고 볼 수 있다. 사용자가 컴퓨터에 무엇인가 요청하거나 질문하거나 하는 것은 모두 프롬프트라고 봐도 무방하다. 다만, 여기서 프롬프트는 ChatGPT 같은 언어 모델에 대한 입력으로 한정하자. 이때 언어 모델로부터 구체적이고 사용 가능한 응답을 얻기 위해 프롬프트를 적절하게 만들어야 하는데, 이 과정을 프롬프트 엔지니어링(Prompt Engineering)이라고 한다. 정말 '이과(理科)스러운' 용어다.

아무튼 프롬프트를 잘 써야 ChatGPT가 잘 알아듣고 사용자가 원하는 대답을 해준다. 그러면 프롬프트를 어떻게 써야 할까?

첫째, 일상적인 대화 방식으로 프롬프트를 쓰면 된다. ChatGPT는 일상적인 대화는 웬만하면 다 알아듣는다. 예를 들어 우리가 외국에 여행 가서 호

텔이나 식당에서 예약하고 주문할 때를 생각해 보자. 대충 핵심 단어 몇 개를 얘기하면 그쪽에서 어느 정도 알아듣는다. 상대방이 못 알아들으면 우리에게 다시 질문하고, 우리는 또 몇 마디 단어로 대답하면 된다.

ChatGPT가 딱 그 외국인이다. 예를 들어 "엑셀의 버전별 차이를 알려줘"라는 표현도 알아듣고, "엑셀 버전 차이"라고 해도 알아듣고 대답한다.

 엑셀의 버전별 차이를 알려줘

 Microsoft Excel은 오랜 기간동안 많은 버전이 출시되어왔습니다. 각 버전마다 새로운 기능이 추가되거나 기존 기능이 개선되었기 때문에, 버전 간의 차이점을 파악하는 것은 중요합니다. 다음은 Excel의 일반적인 버전별 차이점입니다.

Excel 97-2003: 이 버전에서는 일반적으로 최대 65,536행과 256열을 처리할 수 있었습니다. 이 버전에서는 XLS 파일 형식을 사용합니다.

Excel 2007: 이 버전부터는 최대 1,048,576행과 16,384열을 처리할 수 있습니다. 새로운 파일 형식인 XLSX 형식을 도입했으며, 이전 버전에서 사용되는 XLS 파일 형식도 지원됩니다.

...

 엑셀 버전 차이

 마이크로소프트 엑셀은 각 버전마다 새로운 기능 및 개선 사항이 추가되어 나옵니다. 일반적으로 엑셀 버전의 차이점은 새로운 기능, 인터페이스 디자인 및 사용성 개선, 보안 업데이트 및 버그 수정 등이 포함됩니다. 다음은 일반적으로 사용되는 몇 가지 엑셀 버전과 그 차이점에 대한 간단한 개요입니다.

1. 엑셀 2003: 2003년 출시되었으며, 전체적으로 덜 진보한 인터페이스를 가지고 있습니다. 새로운 기능이 제한적이며, 덜 안정적인 면이 있습니다.

2. 엑셀 2007: 새로운 사용자 인터페이스(Ribbon)를 도입하여 사용자 경험을 개선했습니다. 사용자 정의 기능과 새로운 기능이 추가되어 사용성이 향상되었습니다.

   …

둘째, 오피스 툴이나 프로그래밍 언어를 얘기하면 그에 맞게 대답해 준다. 예를 들어 어떤 단어를 바꾸는 기능을 알려달라고 할 때 엑셀인지 파워포인트인지 한글인지를 밝히면 그 툴로 설명한다. 프로그래밍 언어도 마찬가지여서 Python인지 VBA인지 구글 앱스 스크립트인지 알려주면 그에 맞춰 코드를 내놓는다.

 현재 시간을 출력하는 엑셀 VBA 코드를 알려줘

 다음은 현재 시간을 출력하는 Excel VBA 코드입니다:

```
Sub PrintCurrentTime()
    MsgBox "현재 시간은 " & Format(Now(), "hh:mm:ss") & "입니다."
End Sub
```

 현재 시간을 출력하는 구글 앱스 스크립트를 알려줘

 다음은 Google Apps Script를 사용하여 현재 시간을 출력하는 코드입니다.

```
function printCurrentTime() {
    var currentTime = new Date();
    Logger.log(currentTime);
}
```

현재 시간을 출력하는 파이썬 코드를 알려줘

 다음은 현재 시간을 출력하는 파이썬 코드입니다:

```python
import datetime
now = datetime.datetime.now()
print("현재 시간은", now)
```

셋째, 한 번에 완벽한 질문이나 요청을 하기 어렵다면 대충 생각나는 대로 적으면 된다. ChatGPT는 사람의 프롬프트가 복잡하다 싶으면 1문제 1프롬프트로 분석해서 대응한다. 즉, 1문제 1프롬프트는 바로 처리하지만, 여러 문제가 한 프롬프트에 있을 때는 사람에게 일단 확인해서 처리하려고 한다. 그러니 사람이 스스로 완벽하게 프롬프트를 짤 필요가 없다.

 내가 만들고 싶은 홈페이지는 검은색 바탕에 흰색으로 큰 글자로 "디지털역량연구소 김철수 소장"이 써 있고 글자 폰트는 맑은 고딕에 굵었으면 좋겠다. 바로 밑에는 주황색으로 현재 시간을 보여줬으면 좋겠고 현재 시간은 앞에 나온 글자보다 좀 작아야 한다. 화면 가운데에는 햄버거 모양의 아이콘이 있고, 화면 왼쪽 하단에는 적당한 로고 이미지를 넣을 수 있게 하고 화면 가운데 하단에는 오늘 날짜를 쓰고, 화면 오른쪽 하단에는 무엇이든 물어보라는 버튼을 넣고 버튼을 누르면...

 알겠습니다. 위의 내용을 바탕으로 제가 이해한 바를 설명드리면, 다음과 같은 요구사항이 있습니다.

1. 검은색 바탕에 흰색으로 큰 맑은 고딕 폰트로 "디지털역량연구소 김철수 소장"을 써주세요.
2. 위의 글자보다 조금 작은 주황색 폰트로 현재 시간을 보여줍니다.
3. 화면 가운데에는 햄버거 모양의 아이콘이 있습니다.
4. 화면 왼쪽 하단에는 적당한 로고 이미지를 넣을 수 있는 공간이 있습니다.
5. 화면 가운데 하단에는 오늘 날짜를 표시합니다.

6. 화면 오른쪽 하단에는 "무엇이든 물어보세요" 버튼을 만들고, 버튼을 클릭하면 무엇이든 물어볼 수 있는 기능을 제공합니다.

이러한 요구사항을 바탕으로 홈페이지를 구성하면 됩니다. 이를 위해 HTML, CSS, JavaScript 등의 프로그래밍 언어를 사용하여 구현할 수 있습니다. 필요한 이미지나 폰트 등을 구하고, 디자인 및 레이아웃을 구성하여 웹 페이지를 만들어보세요.

넷째, 원하는 상황이나 형식이 있다면 정확히 지정해야 한다. 예를 들어 코드에서 주석(코드 안에서 코드를 설명하는 문구)을 원하면 상세한 주석을 달아서 코드를 짜 달라고 해야 한다. 이때 주의할 것이 있다. 상세한 주석을 달라고 하는 순간 코드가 조금 달라진다. 주석을 달아 쉽게 설명하기 위해 코드를 조금 더 정밀하게 만들어주기 때문이다.

현재 시간을 출력하는 엑셀 VBA 코드를 알려줘

다음은 현재 시간을 출력하는 Excel VBA 코드입니다:

```
Sub PrintCurrentTime()
    MsgBox "현재 시간은 " & Format(Now(), "hh:mm:ss") & "입니다."
End Sub
```

현재 시간을 출력하는 엑셀 VBA 코드를 알려줘. 코드에 상세한 주석을 달아 줘

아래는 현재 시간을 출력하는 엑셀 VBA 코드입니다.

```
Sub PrintTime()
    '현재 시간을 가져옴          ┤추가된 주석
    Dim currentTime As Date
    currentTime = Now()
```

```
'메시지 박스에 현재 시간을 출력    ──[추가된 주석]
MsgBox "현재 시간은 " & currentTime & " 입니다."
End Sub
```

출력 형식도 정확히 지정하면 그렇게 출력해 준다. 예를 들어 표로 출력해 달라고 할 수 있다.

 이름, 나이, 직업으로 가상의 데이터를 10개 만들어서 표로 보여줘

 다음은 가상의 데이터 10개를 이름, 나이, 직업으로 나타낸 표입니다.

이름	나이	직업
김영수	35	회사원
이지현	27	디자이너
박성우	42	의사
최민준	21	대학생
손영미	29	마케터
임승현	38	공무원
한지원	24	영화 배우
조승우	47	변호사
강현식	31	프로그래머
유민지	26	작가

이 외에도 기술적인 프롬프트 팁은 많다. 하지만 우리의 목적은 ChatGPT 와 대화를 잘하는 것이 아니라, ChatGPT를 활용해서 오피스 업무를 자동화 하는 것이다. 이를 위해 그렇게 많은 프롬프트 기술을 알 필요는 없다. 예를 들어 영어로 질문하면 더 정확한 답을 내놓는다고 하는데, 영어로 질문하는 것 자체가 이미 ChatGPT 활용을 포기하게 만들기도 한다. 그리고 영어로 질 문하든 한글로 질문하든 우리가 원하는 결과를 얻는 데는 큰 차이가 없다.

그냥 편하게 질문하고 요청하자. ChatGPT가 알아서 대꾸할 것이다. 이 제 비개발자, 비전공자도 오피스 업무를 자동화할 수 있다.

2

ChatGPT로
엑셀 자동화 시작하기
- 이제 함수 안 외워도 된다

5

ChatGPT가 엑셀 파일 검토를
다 해준다고?

공짜로 자동화가 된다고?

김 주임은 최 대리 말을 들으면서도 왠지 미심쩍었다. 물론 요즘 인공지능이 워낙 발전하고 있기는 하지만, 아직 사무실에서는 기존 오피스 툴로 단순 반복 업무를 하고 있다. 업무 자동화라고 해서 RPA(Robotic Process Automation) 같은 것도 있지만, 그것은 IT 팀에서 주로 이용하고 현업 팀에서는 그다지 쓰지 않는다. 막상 배우려고 해도 쉽지 않고 라이선스도 비싸서 현업에서 경비로 쓰기가 쉽지 않다.

그런데 ChatGPT는 좀 다르다. 일단 그냥 평소 하는 말로, 그것도 한글로 물어보면 된다. 게다가 공짜다.

"정말 ChatGPT가 다 대답해 준다고? 엑셀 함수도 알려주고 VBA 프로그래밍도 해준다고? 그것도 공짜로?"

"당연하지. ChatGPT가 공짜로 코드 다 짜 주니, 그거 보고 대강 이해만 하면 돼. 일단 네가 하려는 일부터 5분 안에 끝내 줄게. 일단 너도 봐야 믿겠지? 파이프라인 자료 좀 설명해 봐."

김 주임은 일단 노트북에서 엑셀 파일을 열어서 최 대리에게 설명하기 시작했다.

예상 매출 데이터를 검토하라

"일단 어제 내가 120개 지점의 파이프라인, 그러니까 예상 매출 보고서를 하나로 합쳤거든. 여기서 몇 가지 확인하고 보고 시트를 만들어야 해."

"뭘 확인하지?"

"여기 영업사원 코드 있지. 이 코드가 현재 코드와 맞는지 확인해야 해. 중간에 퇴사한 사람도 있고, 또 영업 시작일을 엉뚱하게 쓴 사람도 있고, 제안 금액이 0원이거나 이상하게 크게 쓴 사람도 있어. 그런 거 찾아서 지우거나 고쳐야 해. 수주 확률은 20, 40, 60, 80, 100% 중에서 선택하는 거라 문제없는데, 현재 상황하고 안 맞으면 이상한 거야. 예를 들어 수주 확률이 20%인데 계약 완료라고 되어 있으면 잘못된 거지. 이런 거 다 고쳐야 해. 120개 지점에 영업사원이 평균 5명 있고, 한 사람당 영업 기회를 5개씩은 올리니까 120 곱하기 5 곱하기 5는… 3천 줄 정도 되네."

최 대리는 엑셀을 찬찬히 보았다. 행이 3,212줄이었다. 이걸 다 눈으로 보면서 검토하니 숙련자는 1시간이 걸리고, 신입사원은 한나절 걸린다.

	지서	① 현재 데이터와 교차 검증 필요	D 영업사원코드	E 고객사명	②, ③ 잘못된 데이터 수정/삭제	G 영업 시작일	H 제안 금액(원)	I 수주 확률	J 현재 상황
2	서울	서울강남지점 2023년 2월	2011005	한양대학교		2023-01-06	2,000,000	20%	영업중
3	서울	서울강남지점 2023년 2월	2011005	영우건설	노량진 건설현장 식자재 납품	2021-01-23	4,500,000	80%	내고중
4	서울	서울강남지점 2023년 2월	2011005	영우건설	서초동 건설현장 식자재 납품	2023-01-10	2,300,000	100%	계약 완료
5	서울	서울강남지점 2023년 2월	2013005	단양고등학교	학생식당 1학기 식자재 납품	2024-01-22	48,521,800	60%	계약 예정
6	서울	서울강북지점 2023년 2월	2013005	서초중학교	학생식당 1학기 식자재 납품	2023-12-11	58,640	④ 수주 확률과	
7	서울	서울강북지점 2023년 2월	2013005	맛난치킨	전국 매장 식용유 납품	2023-01-32		현재 상황이 안	
8	서울	서울강남지점 2023년 2월	2013005	BBB스테이크하우스	서울 매장 식용유 납품	2023-01-14	4,840	맞는 것 확인	
9	서울	서울강북지점 2023년 2월	2016021	경남랜드	입점 매장 식자재 납품	2025-01-10	61,880		
10	경기	안양지점 2023년 2월	2016021	울산S텔레콤2공장	1동 구내식당 식자재 납품	2022-12-14	8,160	20%	영업중
11	경기	성남지점 2023년 2월	2016021	울산S텔레콤2공장	2동 구내식당 식자재 납품	2023-01-07	4,518,118	20%	영업중
12	경기	화성지점 2023년 2월	2016021	울산S텔레콤공장	3동 구내식당 식자재 납품	2023-01-10	100	40%	영업중
13	경기	용인지점 2023년 2월	2020012	부산ول지보건소	보건소 무료 급식소 식자재 납품	2023-01-22	1,818,000	60%	영업중
14	경기	파주지점 2023년 2월	2020012	양상미라지콘도	직원식당 식자재 납품	2023-01-10	4,581,585,415	80%	계약 예정
15	울산	중구지점 2023년 2월	2020012	양상미라지콘도	입점매장 식용유 납품	2023-02-30	680,000	100%	계약 예정
16	울산	남구지점 2023년 2월	2020012	수진자동차공업	구내식당 식용유 납품	2023-01-20	4,870,000	100%	계약 예정
17	부산	해운대지점 2023년 2월	2021007	한신기숙사	구내식당 식용유 납품	2023-01-21	4,862,480	100%	계약 예정
18	부산	광안리지점 2023년 2월	2021007	형원산업	구내식당 운영 대행	2023-01-22	66,188,481	100%	계약 예정
19	부산	영천지점 2023년 2월	2021007	미래건축사	구내식당 운영 대행	2023-01-10	43,214,000	80%	계약 예정

"좋아, 그러면 하나씩 종이에 적으면서 보자고. 네가 하는 일이 이런 거지?"

최 대리는 메모장을 꺼내서 적기 시작했다.

1. 영업사원 코드를 교차 확인한다.

2. 영업 시작일에서 잘못된 날짜를 오늘 날짜로 바꾼다.

3. 제안 금액에서 이상한 숫자를 찾는다.

4. 수주 확률과 현재 상황이 맞지 않는 데이터를 찾는다.

"오케이, 이렇게 4가지네. 맞지? 그렇다면 이걸 내가 5분 안에 해결하는 방법을 알려 줄게. 지금부터 잘 들어봐."

이제 최 대리가 알려주는 대로 "엑셀예제_지점예상매출검토.xlsx" 파일을 열어서 따라 해 보자.

6

영업사원 코드를
교차 확인하기

영업사원 코드에 퇴사한 직원 코드가 있다

일단 우리가 가진 엑셀 파일에는 두 개의 시트가 있다. '통합시트'에는 지점별, 영업사원별 파이프라인 데이터가 있고, '영업사원코드'에는 2023년 1월 28일 기준으로 재직 중인 영업사원 코드가 있다. 여기서 우리는 '통합시트' 시트에는 있지만, '영업사원코드' 시트에 없는 영업 사원, 즉 퇴사했거나 잘못 입력한 영업사원 코드를 찾아야 한다.

	A	B	C	D
1	지역	지점명	대상 월	영업사원코드
2	서울	서울강남지점	2023년 2월	2011005 한양C
3	서울	서울강남지점	2023년 2월	2011005 영우2
4	서울	서울강남지점	2023년 2월	2011005 영우2
5	서울	서울강남지점	2023년 2월	2013005 단양고
6	서울	서울강북지점	2023년 2월	2013005 서초중
7	서울	서울강북지점	2023년 2월	2013005 맛나치
8	서울	서울강북지점	2023년 2월	2013005 BBB스
9	서울	서울강북지점	2023년 2월	2016021 경남려
10	서울	서울강북지점	2023년 2월	2016003 울산S
11	서울	서울강북지점	2023년 2월	2012001 울산S
12	경기	화성지점	2023년 2월	2015025 울산S
13	경기	화성지점	2023년 2월	2020012 부산을
14	경기	화성지점	2023년 2월	2008012 양산미
15	부산	중		2020012 양상미
16	부산	중		2020012 수진지
17	부산	해		2021002 한신을
18	부산	해		2021007 형원산

통합시트의 D열에 영업사원 코드가 있다.

통합시트 | 영업사원코드

	A
1	영업사원코드(20230128기준)
2	2008012
3	2011005
4	2012001
5	2013006
6	2016003
7	2020012
8	2021002
9	2021007
10	2022017
11	2023001
12	2023002
13	2023003
14	2023004
15	2023005
16	
17	
18	

영업사원코드 시트에는 현재 재직 중인 영업사원 코드만 있다.

통합시트 | 영업사원코드

2부 _ ChatGPT로 엑셀 자동화 시작하기

33

무슨 함수를 써야 할지 모르면 ChatGPT에게 물어보자

일반적으로 이 작업은 VLOOKUP이나 IFERROR, COUNTIF 등을 써서 하면 된다. 그런데 어떤 함수를 써야 할지 모르겠다고 해보자. 이때 ChatGPT에 물어보면 된다. 내가 원하는 것을 해결하는 함수를 물어보면 된다.

 엑셀 '통합시트'란 이름의 시트 D열에 영업사원 코드가 있다. 이 코드를 '영업사원코드' 시트 A열에 있는 영업사원 코드와 비교하려고 한다. 이와 관련한 함수를 알려줘.

 영업사원코드 시트에서 영업사원 코드를 비교하기 위해서는 VLOOKUP 함수를 사용할 수 있습니다. VLOOKUP 함수는 첫 번째 인수로 찾으려는 값, 두 번째 인수로 찾으려는 값이 있는 범위, 세 번째 인수로 반환하려는 값을 가져올 범위, 네 번째 인수로 일치하는 값을 찾지 못했을 때 반환할 값을 가져올 범위를 지정합니다.

따라서 다음과 같은 방식으로 VLOOKUP 함수를 사용하여 영업사원 코드를 비교할 수 있습니다.

1. 영업사원코드 시트의 A열에 있는 영업사원 코드와 일치하는 경우, 해당 영업사원 코드를 반환하는 식을 D열에 입력합니다.

예를 들어, 통합시트의 D열에 있는 영업사원 코드와 비교하여 영업사원코드 시트의 A열에서 해당 코드를 찾아 반환하는 식은 다음과 같습니다. 이 식은 통합시트의 D2 셀에서 시작해서 아래로 복사하여 붙여넣을 수 있습니다.

=VLOOKUP(D2, 영업사원코드!$A:$A, 1, FALSE)

위의 식에서 VLOOKUP 함수의 첫 번째 인수인 D2는 통합시트의 D열에 있는 영업사원 코드를 나타냅니다. 두 번째 인수인 영업사원코드!$A:$A는 영업사원코드 시트의 A열 전체를 나타냅니다. 세 번째 인수인 1은 일치하는 값을 반환할 범위에서 첫 번째 열을 나타냅니다. 네 번째 인수인 FALSE는 완전히 일치하는 값을 찾아야 함을 나타냅니다.

ChatGPT가 알려준 VLOOKUP 함수로 해결하다

와우! ChatGPT가 굉장히 친절하게 설명해 준다. 내용을 잘 읽어보면 VLOOKUP 함수를 사용하라고 한다. 함수에 들어갈 내용까지 알려준다. 이대로 따라 해보자. '통합시트' 시트에서 영업사원코드 열 오른쪽에 새 열을 하나 추가하자. 여기 셀에 다음 코드를 입력하고 아래 셀로 끌어서 채워 보자.

```
=VLOOKUP(D2, 영업사원코드!$A:$A, 1, FALSE)
```

그러면 다음과 같이 '영업사원코드' 시트에서 코드를 찾았으면 D2 열의 코드를 그대로 보여주고, 그렇지 않으면 #N/A, 즉 찾지 못했다(No value is Available)고 표시한다.

D 영업사원코드	E
2011005	2011005
2011005	2011005
2011005	2011005
2013005	#N/A
2013005	#N/A
2013005	#N/A
2013005	#N/A
2016021	#N/A
2016003	2016003
2012001	2012001
2015025	#N/A
2020012	2020012

=VLOOKUP(D2, 영업사원코드!$A:$A, 1, FALSE)

'영업사원코드' 시트에 코드가 없으면 #N/A로 표시한다.

이렇게 하면 함수를 잘 몰라도 금방 쉽게 처리할 수 있다.

IFERROR로 VLOOKUP의 #N/A를 해결하다

ChatGPT가 추가로 얘기한 것이 있으니 그것도 보자.

영업사원코드 시트의 A열에 해당 영업사원 코드가 없는 경우, #N/A가 표시됩니다. 이 경우, IFERROR 함수를 사용하여 #N/A 대신 다른 값을 반환할 수 있습니다.

예를 들어, 영업사원코드 시트에서 영업사원 이름을 찾을 수 없는 경우 "해당 영업사원을 찾을 수 없습니다"라는 메시지를 반환하고 싶다면, 다음과 같은 식을 사용할 수 있습니다.

```
=IFERROR(VLOOKUP(D2, 영업사원코드!$A:$A, 1, FALSE), "해당 영업사원을 찾을 수 없습니다")
```

위의 식에서 IFERROR 함수는 첫 번째 인수로 VLOOKUP 함수를 입력하고, 두 번째 인수로 #N/A 대신 출력하고자 하는 메시지를 입력합니다.

VLOOKUP의 #N/A 대신 특정 문구나 숫자를 표시하고 싶다면 IFERROR를 추가하면 된다고 한다. 실제로 써보자. 다음과 같이 원하는 대로 표기할 수 있다.

`=IFERROR(VLOOKUP(D2, 영업사원코드!$A:$A, 1, FALSE), "해당 영`

D	E
영업사원코드	
2011005	2011005
2011005	2011005
2011005	2011005
2013005	해당 영업사원을 찾을 수 없습니다
2013005	해당 영업사원을 찾을 수 없습니다
2013005	해당 영업사원을 찾을 수 없습니다
2013005	해당 영업사원을 찾을 수 없습니다
2016021	해당 영업사원을 찾을 수 없습니다
2016003	2016003
2012001	2012001
2015025	해당 영업사원을 찾을 수 없습니다

'영업사원코드' 시트에 코드가 없으면 영업사원을 찾을 수 없다고 표시한다.

영업사원코드가 있는 것만 몇 개인지 개수를 세고 싶다면?

코드가 있는 것만 개수를 세고자 한다면 COUNTIF 함수를 쓰면 된다. ChatGPT에게 물어보자. ChatGPT는 이전 대화를 기억하고 있기 때문에 자연스럽게 대화를 이어가면 된다.

 고마워. 그런데 COUNTIF 함수를 사용해도 되니?

 네, COUNTIF 함수를 사용하여도 영업사원코드 시트의 A열과 통합시트의 D열에 있는 영업사원 코드를 비교할 수 있습니다.

COUNTIF 함수는 첫 번째 인수로 검색 대상 범위, 두 번째 인수로 조건을 입력하여 해당 조건을 만족하는 셀의 개수를 반환합니다. 따라서 COUNTIF 함수를 사용하여 영업사원 코드를 비교하려면 다음과 같은 방식으로 사용할 수 있습니다.

COUNTIF 함수를 사용하여 영업사원코드 시트의 A열에서 특정 영업사원 코드가 몇 번 등장하는지 확인합니다.

예를 들어, 영업사원코드 시트의 A열에서 "A001"이라는 영업사원 코드가 몇 번 등장하는지 확인하려면, 다음과 같은 식을 사용할 수 있습니다

=COUNTIF(영업사원코드!$A:$A, "A001")

위의 식에서 COUNTIF 함수의 첫 번째 인수인 영업사원코드!$A:$A는 영업사원코드 시트의 A열 전체를 나타냅니다. 두 번째 인수인 "A001"은 검색하려는 영업사원 코드를 나타냅니다.

한번 적용해 보자. 물론 "A001"은 예시니까 D2로 바꿔야 한다. 보다시피 코드가 있으면 숫자 1, 없으면 0을 표시한다.

```
=COUNTIF(영업사원코드!$A:$A, D2)
```

D	E
영업사원코드	
2011005	1
2011005	1
2011005	1
2013005	0
2013005	0
2013005	0
2013005	0
2016021	0
2016003	1
2012001	1

코드가 있으면 1,
없으면 0을 표시한다.

영업사원코드가 없는 셀만 노란색으로 칠하고 싶다면?

여기서 조금 더 나아가 보자. 이번에는 영업사원코드가 없는 셀만 골라 노란색을 칠해 보자. 구체적으로 어떻게 해야 할지 모를 때는 ChatGPT에게 물어보면 된다.

엑셀 '통합시트'란 이름의 시트 D열에 영업사원 코드가 있다. 이 코드를 '영업사원코드' 시트 A열에 있는 영업사원 코드와 비교한다. 만약 '영업사원코드' 시트 A열에 똑같은 코드가 없으면 셀에 노란색을 칠하는 방법을 알려줘

다음과 같은 방법으로 '통합시트' 시트 D열의 영업사원 코드를 '영업사원코드' 시트 A열의 영업사원 코드와 비교하여, 일치하지 않는 경우 해당 셀에 노란색을 칠할 수 있습니다.

1. '영업사원코드' 시트의 A열에서 조건부 서식을 적용할 범위를 선택합니다.

2. [조건부 서식] → [새 규칙]을 차례로 선택합니다.

3. [서식을 적용할 규칙 유형 선택]에서 "형식이 일치하지 않는 셀 서식 지정"을 선택합니다.

4. [형식이 일치하지 않는 셀 서식 지정] 창에서 [일치하지 않는 값]을 선택합니다.

5. [서식]에서 [색상]을 선택하고, 노란색을 선택합니다.

6. [확인] 버튼을 클릭하여 조건부 서식을 적용합니다.

이제 '통합시트' 시트 D열에 있는 영업사원 코드가 '영업사원코드' 시트 A열에 없으면 해당 셀에 노란색이 적용됩니다.

ChatGPT의 대답이 좀 이상하다. 조건부 서식을 이용하면 될 것 같은데, **[서식을 적용할 규칙 유형 선택]**이 어디에 있는지 모르겠다. 그리고 지금 우리가 하려는 것은 형식과는 관계가 없다.

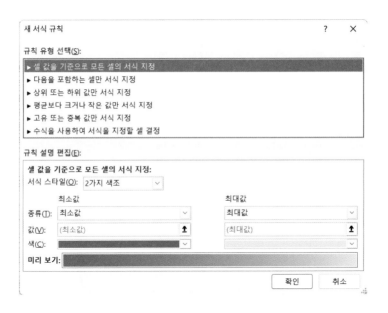

ChatGPT가 만능은 아니라는 사실을 기억하자. 하지만 우리가 질문을 잘하면 ChatGPT가 최대한 이해하려고 노력한다는 것도 알아두자. 지금은 ChatGPT가 우리 말을 잘 이해하지 못한 듯하니 다시 정확히 물어보자.

'통합시트' 시트 D열에 있는 영업사원 코드가 '영업사원코드' 시트 A열에 없으면 D열의 셀을 노란색으로 칠하는 방법을 알려줘.

 다음과 같은 방법으로 '통합시트' 시트 D열의 영업사원 코드가 '영업사원코드' 시트 A열에 없는 경우 해당 셀에 노란색을 칠할 수 있습니다.

1. '통합시트' 시트에서 조건부 서식을 적용할 범위를 선택합니다.

2. [조건부 서식] → [새 규칙]을 차례로 선택합니다.

3. [서식을 적용할 규칙 유형 선택]에서 "수식을 사용하여 규칙 정의"를 선택합니다.

4. [수식] 입력란에 다음 수식을 입력합니다:

=ISERROR(MATCH(D1,영업사원코드!A:A,0))

이 수식은 '통합시트' 시트 D열의 각 셀 값이 '영업사원코드' 시트 A열에 없으면 TRUE를 반환하고, 있으면 FALSE를 반환합니다.

5. [서식]에서 [색상]을 선택하고, 노란색을 선택합니다.

6. [확인] 버튼을 클릭하여 조건부 서식을 적용합니다.

이제 '통합시트' 시트 D열에 있는 영업사원 코드가 '영업사원코드' 시트 A열에 없으면 해당 셀에 노란색이 적용됩니다.

ChatGPT가 말한 대로 해보자. D 열을 선택하고 [홈] 탭의 [조건부 서식]을 누른 다음 [새 규칙]을 선택한다.

ChatGPT와 업무자동화

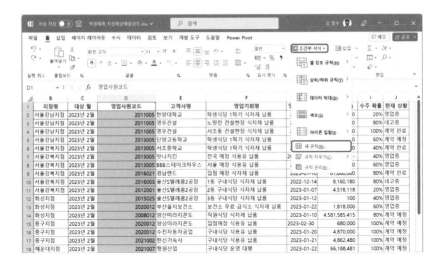

새 서식 규칙이 나타나면 ChatGPT가 말한 '수식을 사용하여 규칙 정의'를 찾자. 그런데 이런 말이 없다. 대신 마지막 유형에 '수식을 사용하여 서식을 지정할 셀 결정'이 있다. 아마 이것을 의미하는 것 같다. 일단 그것을 선택한 다음 서식 입력 칸에 ChatGPT가 준 함수를 입력하자.

```
=ISERROR(MATCH(D1,영업사원코드!A:A,0))
```

이제 오른쪽 아래의 [서식]을 클릭하고, 색을 노란색으로 선택하자. [확인]을 계속 누르자.

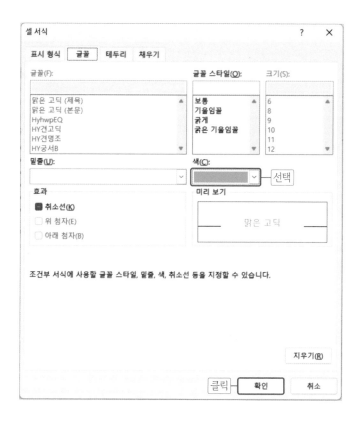

그랬더니 다음과 같이 D 열에서 잘못된 코드만 색깔이 노란색으로 바뀌었다.

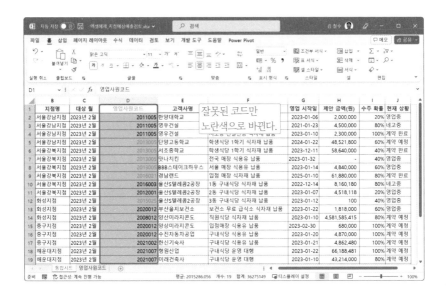

셀 색깔을 좀 더 눈에 띄는 색으로 바꾸고 싶으면 [셀 서식] 대화상자에서 [채우기]로 가서 원하는 색을 선택하면 된다.

자, 이렇게 해서 엑셀 함수를 기억 못 해도, 함수 사용법을 잘 몰라도 엑셀 함수를 자유자재로 쓸 수 있게 됐다. 또한 조건부 서식과 함수 조합처럼 미처 생각하지 못한 조합으로 원하는 것을 해낼 수 있다.

TIP

ChatGPT는 모든 상황에 맞는 완벽한 답을 주지는 못한다. 예를 들어 현재 사람들이 쓰는 엑셀 버전만도 2007, 2010, 2013, 2016, 2019, 2022, 365 등 다양하다. 버전마다 기능도 다양하고 메뉴 위치나 기능명도 조금씩 다르다.

또한 어떤 것을 해결하는 데 한 가지 방법만 있는 것이 아니다. 다양한 함수와 조합으로 같은 문제를 다르게 해결할 수 있다. 따라서 ChatGPT에게 완벽한 정답을 요구해서는 안 된다. ChatGPT도 여러 방법 중에서 나름의 기준으로 하나를 선정해서 알려주는 것이다. 일단 ChatGPT가 추천하는 방법을 써 보고 마음에 들면 계속 쓰고 마음에 안 들면 다른 방법도 알려 달라고 하자.

ChatGPT는 이전 대화를 기억하기 때문에 이전 대화를 바탕으로 계속 대화를 이어갈 수 있다. 같은 데이터를 두 번 줄 필요가 없고, 앞의 대답에 마음에 안 드는 것이 있으면 다시 물어봐도 된다. ChatGPT를 도서관과 서점에 있는 모든 엑셀 책을 다 읽고 외운 천재 신입사원이라고 생각하자.

한 가지 더 팁이 있다. 대부분 경우에 질문을 영어로 하면 답변이 더 좋게 나온다. 아무래도 ChatGPT의 모국어(?)가 영어이고, 영어로 된 데이터가 훨씬 많아서 그만큼 더 많은 데이터를 학습했기 때문일 것이다. 그런데 우리가 영어로 질문하면 두 가지 문제가 생긴다.

첫째, 질문을 영어로 번역해야 한다. 물론 요즘에는 번역기가 충분히 잘 되어 있어 영어로 잘 번역해주지만, 한글로 써서 번역기에서 번역하고 다시 붙여 넣는 과정이 좀 불편하다.

둘째, 자동으로 번역해서 ChatGPT에게 질문하는 확장 프로그램이 있다. 하지만 확장 프로그램이 번역해서 질문하면 결과를 원문으로 보여주면서 그 아래에 한글로 번역해서 준다. 이때 한글로 번역될 때 코드도 일부 번역되어 코드를 그대로 쓸 수 없다. 물론 위에 영문으로 된 코드가 있지만 위아래를 왔다 갔다 하며 이해하는 게 더 어렵다.

그래서 필자는 그냥 한글로 질문하는 것을 추천한다. ChatGPT가 한글을 충분히 이해하고 답변해주기 때문이다. 우리는 완벽한 코드를 원하는 것이 아니다. 원하는 결과만 얻어낼 수 있다면 대충 짠 코드든 복잡한 코드든 상관없다.

ChatGPT에게 이런 것도 물어보세요!

- 엑셀의 VLOOKUP 함수에 대해 자세히 설명해 줘.

- 엑셀에서 조건부 서식을 어떻게 쓰는 거야?

- 엑셀 D 열에 똑같은 데이터가 있으면 각각 다른 색으로 칠하고 싶은데 가능하니?

- 엑셀 J 열에 제안 금액이 숫자로 있는데, 제안 금액이 10만 원 이하이면서 10억 원 이상인 셀을 빨간색으로 칠하려면 어떻게 해야 하니?

7

영업 시작일에서 잘못된 날짜를
오늘 날짜로 바꾸기

영업 시작일에 이상한 날짜가 있다

이번에는 영업 시작일에서 잘못된 날짜를 찾는 작업을 해보자. 영업 시작일 열에 있는 데이터는 다음과 같다. 참고로 오늘 날짜는 2023년 1월 28일이다. 잘못된 날짜를 찾아보자.

1. 2023-01-06

2. 2021-01-23

3. 2023-01-10

4. 2024-01-22

5. 2023-12-11

6. 2023-01-32

7. 2023-01-14

8. 2025-01-10

9. 2022-12-14

10. 2023-01-07

11. 2023-01-12

12. 2023-01-22

13. 2023-01-10

14. 2023-02-30

15. 2023-01-20

하나씩 찾아보자. 1번(2023-01-06)은 별문제 없다. 올해 해당 건 영업을 시작한 것이다.

2번(2021-01-23)은 뭔가 이상하다. 오늘이 2023년 1월 28일인데, 영업 시작이 2021년 1월이다. 무려 2년 3개월 가까이 지났다. 이건 확인이 필요하다.

4번(2024-01-22)과 5번(2023-12-11)도 이상하다. 영업 시작일이 오늘 이후다. 아직 시작하지도 않은 영업을 파이프라인 데이터에 넣으면 안 된다.

6번(2023-01-32)은 완전히 잘못된 날짜다. 모든 월이 최대 31일까지밖에 없음에도 불구하고 32일이 적혀 있다.

조건부 서식으로 오늘 이후 날짜를 찾아 바꾼다?

지금까지는 이런 식으로 잘못된 데이터를 사람이 직접 보면서 바꿔 왔다고 한다. 해당 값이 있는 셀을 바로 바꾸기 위해 간혹 조건부 서식으로 해결하려는 경우가 있다. 결론부터 말하면, 조건부 서식에서 오늘 이후의 날짜를 찾아 오늘 날짜로 바꿀 수는 없다. 하지만 바꾼 것처럼 보이게 할 수는 있다. 영업 시작일 열을 선택한 다음 [홈] 탭의 [조건부 서식]을 누르고 [셀 강조 규칙]에서 [보다 큼]을 선택한다.

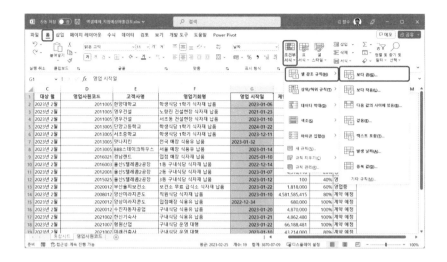

바로 [**보다 큼**] 대화 상자가 나타나고 여기에 2023-01-28을 입력하면 [**적용할 서식**] 다음에 있는 대로 서식이 적용된다. 여기서는 '진한 빨강 텍스트가 있는 연한 빨강 채우기'가 적용할 서식으로 선택되어 있다.

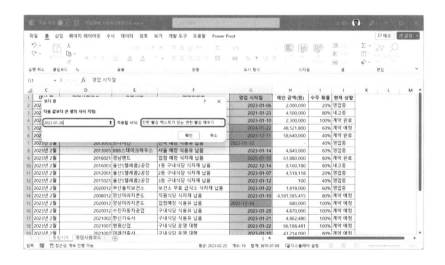

여기서 적용할 서식을 '사용자 지정 서식'으로 선택한다.

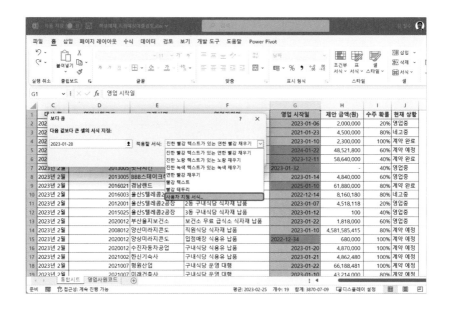

셀 서식 대화상자가 나타나면 [표시 형식]에서 [사용자 지정]을 선택하고 [형식] 입력 칸에 '2023-01-28'을 입력한 다음 [확인]을 누른다.

그러면 오늘보다 큰 날짜가 있던 셀의 값이 2023-01-28로 바뀐 것처럼 보인다.

G	H
영업 시작일	제안 금액(원)
2023-01-06	2,000,000
2021-01-23	4,500,000
2023-01-10	2,300,000
2023-01-28	48,521,800
2023-01-28	58,640,000
2023-01-32	-
2023-01-14	4,840,000
2023-01-28	61,880,000
2022-12-14	8,160,180
2023-01-07	4,518,118
2023-01-12	100
2023-01-22	1,818,000
2023-01-10	4,581,585,415

자, 그런데 값도 과연 바뀌었을까? '2023-01-28'로 바뀐 셀을 클릭해서 실제 값을 보면 '2024-01-22'로 원래 값을 가지고 있다. 서식으로 보이는 내용만 바꾼 것이지 실제 날짜를 바꾼 것은 아니다.

서식으로 보이는 내용만 바꾼 것이지, 실제 날짜를 바꾼 것은 아니다. → 2024-01-22

G	H
영업 시작일	제안 금액(원)
2023-01-06	2,000,000
2021-01-23	4,500,000
2023-01-10	2,300,000
2023-01-28	48,521,800
2023-01-28	58,640,000
2023-01-32	-
2023-01-14	4,840,000

문제가 하나 더 있는데, '2023-01-32'는 바뀌지 않았다. 분명히 조건부 서식에서 '사용자 지정 서식'을 사용하기 전에 '진한 빨강 텍스트가 있는 연한 빨강 채우기'를 선택했을 때는 '2023-01-32'도 선택되었다. 그런데 사용자 지정 서식을 사용하면 바뀌지 않는다.

해당 열을 바로 바꾸는 방법은 매크로를 쓰는 것이다. 매크로는 3부에서 다루자. 여기서는 다른 열에 값을 넣어 복사해서 붙여 넣는 방식을 알아보자.

함수로 잘못된 날짜와 특정일 이후 날짜를 한꺼번에 바꾸자

함수가 뭔지 몰라도, 어떻게 쓰는지 몰라도 ChatGPT에 물어보면 된다.

 엑셀 G열에 날짜가 있다. 이 날짜가 "2023년 1월 28일" 이후면 2023년 1월 28일로 만드는 함수를 짜 줘

 다음과 같은 함수를 사용하여 엑셀 G열의 날짜를 검사하고 조건에 따라 해당 날짜를 변경할 수 있습니다.

`=IF(G1>DATE(2023,1,28),DATE(2023,1,28),G1)`

이 함수는 IF 함수와 DATE 함수를 사용하여 작성되었습니다. IF 함수는 조건을 검사하고 참 또는 거짓에 따라 다른 값을 반환합니다. DATE 함수는 년, 월, 일 값을 사용하여 날짜를 생성합니다.

함수를 사용할 때는 G열의 셀 주소를 실제 적용하고자 하는 범위에 맞게 수정해야합니다. 예를 들어, G1:G10의 범위에서 작업하려는 경우, 위의 함수를 G1 셀에 입력하고, 이후 범위 G2:G10을 선택하여 Ctrl+D 키를 눌러 해당 범위에 공식을 적용할 수 있습니다.

영업 시작일 오른쪽에 열을 하나 추가하고 함수를 넣어보자. 2023년 1월 28일 이후 날짜와 잘못된 날짜 모두 2023년 1월 28일로 바뀌었다.

`=IF(G6>DATE(2023,1,28),DATE(2023,1,28),G6)`

G	H	I
영업 시작일		제안 금액(원)
2023-01-06	2023-01-06	2,000,000
2021-01-23	2021-01-23	4,500,000
2023-01-10	2023-01-10	2,300,000
2024-01-22	2023-01-28	48,521,800
2023-12-11	2023-01-28	58,640,000
2023-01-32	2023-01-28	-
	2023-01-14	4,840,000
2025-01-10	2023-01-28	61,880,000
2022-12-14	2022-12-14	8,160,180
2023-01-07	2023-01-07	4,518,118
2023-01-12	2023-01-12	100

날짜 형식으로 봤을 때 왼쪽으로 정렬되면 숫자가 아니라 텍스트다. 날짜는 숫자로 환산되므로 이상한 날짜가 숫자인지 아닌지를 ISNUMBER 함수로 확인할 수 있다. ISNUMBER 함수는 숫자인지 판명해서 숫자이면 TRUE(참)를 반환한다. 텍스트인지 아닌지 알려면 ISTEXT 함수를 사용하면 된다. 다음 그림에서 보다시피 존재하지 않는 날짜는 텍스트다.

=ISTEXT(G7)	
G	H
영업 시작일	
2023-01-06	FALSE
2021-01-23	FALSE
2023-01-10	FALSE
2024-01-22	FALSE
2023-12-11	FALSE
2023-01-32	TRUE
2023-01-14	FALSE
2025-01-10	FALSE

존재하지 않는 날짜는 텍스트다

ChatGPT에게 이런 것도 물어보세요!

- 엑셀에서 날짜 서식을 어떻게 바꿔?

- 엑셀에서 날짜를 어떻게 비교해?

- 엑셀에서 두 날짜의 차이를 알려면 어떻게 해야 해?

- 엑셀 H 열에 있는 날짜에서 오늘(2023년 1월 28일) 날짜까지 며칠이 지났는지 알고 싶어.

제안 금액에서
이상한 숫자 찾기

제안 금액에 이상한 숫자가 있다

이번에는 제안 금액에서 이상한 숫자를 찾아보자. 시트에 보면 제안 금액
이 다양하게 적혀 있다. 다음에서 이상한 숫자를 찾아보자.

1. 2,000,000

2. 4,500,000

3. 2,300,000

4. 48,521,800

5. 58,640,000

6. –

7. 4,840,000

8. 61,880,000

9. 8,160,180

10. 4,518,118

11. 100

12. 1,818,000

13. 4,581,585,415

14. 680,000

15. 4,870,000

16. 4,862,480

17. 66,188,481

일단 이 데이터가 2023년 2월 예상 매출을 보고하는 엑셀 파일에 있는 제안 금액이라는 점을 고려하면 제안 금액이 0이 되면 안 된다. 6번에 '–'가 보이는데 열 형식이 천 단위로 구분된 숫자, 즉 회계 형식이기 때문에 0원이 대시(–)로 표현된다. 그다음에는 11번(100)이 이상하다. 아무래도 제안 금액이 100원인 건 좀 말이 안 된다. 이렇게 보고하면 위에서 성질이 날 수밖에 없다.

조건부 서식으로 이상하게 작은 숫자를 찾다

사실 너무 작은 숫자는 조건부 서식을 이용해서 쉽게 찾을 수 있다. **[조건부 서식]** 메뉴에서 **[셀 강조 규칙]**의 **[보다 작음]**을 이용하면 된다.

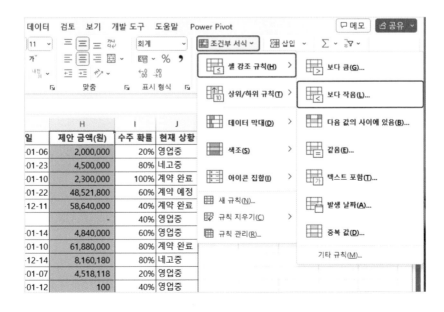

문제는 아주 큰 숫자다. 위에서 13번(4,581,585,415)은 숫자가 너무 크다. 그런데 이 숫자가 이상하다고 한다면 그다음으로 큰 17번(66,188,481)은 괜찮을까? 이런 식으로 따지면 한도 끝도 없다. 물론 평소 자주 다루는 데이터고 이 업무를 잘 아는 사람이라면 제안 금액을 대강 봐도 이상한 숫자를 찾아낼 것이다. 하지만 만약 처음 보는 데이터고, 그 업무를 잘 모른다면 어느 정도가 이상한 정도일까?

이상치를 찾는 다양한 방법

이때 쓸 수 있는 방법이 이상치를 찾는 것이다. 엑셀에서 이상치를 찾는 방법을 ChatGPT에게 물어보자.

 엑셀 데이터에서 이상치를 찾는 방법을 알려줘

 엑셀에서 이상치를 찾는 방법은 여러 가지가 있지만, 다음과 같은 방법을 추천합니다.

1. 상자그림(Boxplot)으로 이상치 찾기
   - 데이터의 분포를 시각적으로 파악할 수 있는 상자그림을 이용해 이상치를 찾을 수 있습니다.
   - '데이터' 탭에서 '데이터 분석' 기능을 선택하고, '상자그림'을 선택하면 상자그림을 그릴 수 있습니다.
   - 상자그림에서 상자 밖에 있는 점들이 이상치일 가능성이 높습니다.

2. 평균과 표준편차를 이용한 이상치 찾기
   - 데이터의 평균과 표준편차를 계산한 후, 평균에서 2.5배 이상 떨어진 값들을 이상치로 판단할 수 있습니다.
   - 예를 들어, 평균이 50이고 표준편차가 10인 데이터에서는 75 이상 또는 25 이하의 값들이 이상치일 가능성이 높습니다.

3. Z-score를 이용한 이상치 찾기

- Z-score는 데이터가 평균에서 얼마나 떨어져 있는지를 표준편차 단위로 나타낸 값입니다.
- 데이터에서 Z-score가 2.5 이상인 값들을 이상치로 판단할 수 있습니다.
- 예를 들어, 평균이 50이고 표준편차가 10인 데이터에서는 75 이상 또는 25 이하의 값들이 이상치일 가능성이 높습니다.

4. quartile 범위를 이용한 이상치 찾기

- 데이터의 1사분위수와 3사분위수를 계산한 후, quartile 범위(Q3 - Q1)의 1.5배 이상 떨어진 값들을 이상치로 판단할 수 있습니다.

이러한 방법들을 이용해 엑셀 데이터에서 이상치를 찾을 수 있습니다.

평균과 표준편차로 이상치 찾기

이상치를 찾는 방법은 다양하다. 일단 앞에서 ChatGPT가 제안한 첫 번째 상자그림 방법은 그림을 그려야 하니 여기서는 제외하자. 두 번째 평균과 표준편차를 이용한 이상치 찾기가 아무래도 계산하기 쉬울 것 같다.

엑셀 H열에 금액 데이터가 있다. 평균과 표준편차를 이용한 이상치를 계산하는 공식을 써줘.

먼저, 엑셀의 내장 함수를 사용하여 평균과 표준편차를 계산해야 합니다.

평균(Mean): =AVERAGE(H:H)

표준편차(Standard deviation): =STDEV(H:H)

이제 이상치를 계산하는 공식을 사용하여 이상치를 찾을 수 있습니다. 일반적으로, 이상치는 평균에서 2.5배 이상 표준편차 벗어난 값으로 정의됩니다.

최대 이상치: =AVERAGE(H:H) + 2.5 * STDEV(H:H)

최소 이상치: =AVERAGE(H:H) - 2.5 * STDEV(H:H)

이상치는 최대 이상치가 있고 최소 이상치가 있다. 여기서는 최대 이상치를 찾으면 된다. 엑셀 시트에서 제안 금액 오른쪽에 새 열을 넣고 평균, 표준편차, 최대 이상치를 각각 구해봤다. 2,961,574,599원을 넘는 금액은 이상한 금액이니 확인이 필요하다고 나온다.

=AVERAGE(H:H) + 2.5 * STDEV(H:H)	
H	**I**
제안 금액(원)	
2,000,000	평균
4,500,000	2,015,286
2,300,000	표준편차
48,521,800	1,075,772,538
58,640,000	최대 이상치
-	2,961,574,599
4,840,000	
61,880,000	
8,160,180	
4,518,118	
100	
1,818,000	
4,581,585,415	
680,000	
4,870,000	
4,862,480	
66,188,481	
43,214,000	

공식을 구했으니 H 열에 이상치를 조건부 서식으로 찾아 색칠해 보자. 조건부 서식에서 [**보다 큼**]을 이용하면 된다. 입력 칸에 최대 이상치 공식을 넣으면 바로 최대 이상치가 있는 셀에 빨간색이 칠해지는 것을 볼 수 있다.

H	I	J	K	L
제안 금액(원)				
2,000,000				
4,500,000				
2,300,000				
48,521,800				
58,640,000				
-	2,961,574,599		40%	영업중
4,840,000			60%	영업중
61,880,000			80%	계약 완료
8,160,180			80%	네고중
4,518,118			20%	영업중
100			40%	영업중
1,818,000			60%	영업중
4,581,585,415			80%	계약 예정
680,000			100%	계약 예정
4,870,000			100%	계약 예정
4,862,480			100%	계약 예정
66,188,481			100%	계약 예정
43,214,000			80%	계약 예정

보다 큼

다음 값보다 큰 셀의 서식 지정:

=AVERAGE(H:H) + 2.5 * STDEV(H:H) 적용할 서식: 진한 빨강 텍스트가 있는 연한 빨강 채우기

확인 취소

TIP

이상치라고 해서 무조건 이상한 숫자는 아니다. 때에 따라 갑자기 큰 금액으로 수주할 수도 있다. 이상치는 확인이 필요한 숫자 정도로 이해하자.

ChatGPT에게 이런 것도 물어보세요!

- 표준편차가 뭐야?

- 표준편차와 편차는 뭐가 달라?

- 이상치를 찾는 다른 공식을 알려줘.

9

수주 확률과 현재 상황이
안 맞는 것 찾기

두 열의 관계를 찾는다

이제 마지막으로 수주 확률과 현재 상황이 안 맞는 문제를 해결하자. 일단 데이터를 보자. 왼쪽은 수주 확률, 오른쪽은 현재 상황이다. 여기서 뭔가 이상한 것을 찾아보자.

1. 20%   영업중

2. 80%   네고중

3. 100%   계약 완료

4. 60%   계약 예정

5. 40%   계약 완료

6. 40%   영업중

7. 60%   영업중

8. 80%   계약 완료

9. 80%   네고중

10. 20%   영업중

11. 40%   영업중

12. 60%   영업중

13. 80%   계약 예정

14. 100%   계약 예정

우선 가장 이상한 것은 5번(40% 계약 완료)이다. 계약이 완료되었는데, 어떻게 수주 확률이 40%가 될 수 있을까? 물론 아주 특별한 경우 계약은 했지만 납품 과정에서 문제가 생겨 계약이 틀어질 수도 있다. 하지만 그건 관리의 문제이지 파이프라인의 문제는 아니다. 파이프라인에서는 계약 완료일 경우 제안 금액의 100%를 예상 매출로 계산하는 것이 맞다.

물론 수주 확률을 40%로 제대로 쓰고 현재 상황을 잘못 썼을 수도 있다. 여기서는 일단 현재 상황은 맞게 썼고 수주 확률을 잘못 쓴 경우만 수정해 보자. 이 작업을 할 수 있으면 당연히 거꾸로도 수정할 수 있다.

한 열의 값에 따라 다른 열의 값을 바꾼다

자, 그러면 계약 완료일 때 100% 미만인 것을 찾아서 100%로 바꾸려면 어떻게 해야 할까? 이 역시 ChatGPT에게 물어보자.

엑셀 I열에 수주 확률이 있다. J열에 현재 상황이 있다. 현재 상황이 '계약 완료'이면 수주 확률에 100%를 입력하고 싶다.

이를 위해서는 다음과 같은 조건부 형식(CF, Conditional Formatting)을 적용하면 됩니다.

1. 먼저, 엑셀 파일을 열고, I열과 J열을 선택합니다.

2. 조건부 형식을 적용할 셀 범위를 선택한 후, "조건부 서식"을 클릭합니다.

3. "새 규칙"을 클릭하고, "서식을 적용할 조건"을 "수식을 사용하여 서식 지정"으로 선택합니다.

4. "서식 지정" 대화 상자에서 "값 또는 수식"란에 다음 수식을 입력합니다.

5. =IF(J1="계약 완료", 1, 0)

6. 이 수식은 J1 셀이 "계약 완료"인 경우에는 1을, 그렇지 않은 경우에는 0을 반환합니다.

7. "서식"을 클릭하고, "숫자" 탭에서 "사용자 지정"을 선택합니다.

8. "코드"란에 "0%"를 입력합니다. 이는 수주 확률을 백분율 형식으로 표시하기 위함입니다.

9. 확인을 클릭하여 조건부 형식을 적용합니다.

이제 J열에서 "계약 완료"가 입력되면, I열의 수주 확률이 100%로 표시됩니다.

역시 조건부 서식을 쓰는 방법이다. 나쁘지는 않다. 그런데 여기서 잠깐 생각해 보자. 앞에서부터 우리는 영업사원 코드를 VLOOKUP 같은 함수로 교차 확인했고, 영업 시작일에서 ISERROR 함수와 조건부 서식으로 존재하지 않는 날짜를 오늘 날짜로 바꿨다. 제안 금액에서 이상한 숫자는 표준과 편차 함수를 사용했고 역시 조건부 서식을 썼다.

과연 이게 자동화일까?

이런 엑셀 파일을 여러 개 검토해야 한다면 매번 함수를 사용하고 조건부 서식을 일일이 클릭하고 함수를 입력하고 해야 한다. 이게 과연 자동화일까? ChatGPT의 능력이 이 정도에 불과할까?

아니다. ChatGPT는 우리가 생각하는 것보다 훨씬 더 많은 것을 할 수 있다. 예를 들어 방금 우리가 하려는 것을 프로그래밍으로 해결할 수 있다. 엑셀에서 프로그래밍하려면 VBA를 사용한다. 매크로와 VBA라고 할 때 그 VBA다. 일단 VBA가 뭔지는 잠시 후에 얘기하고, 실제로 한번 써 보자. ChatGPT에게 VBA 코드를 짜 달라고 하면 된다.

엑셀 I열에 수주 확률이 있다. J열에 현재 상황이 있다. 현재 상황이 '계약 완료'이면 수주 확률에 100%를 입력하고 싶다. VBA 코드를 짜 줘

 아래는 VBA 코드로 I열에 수주 확률을 입력하고, J열이 "계약 완료"인 경우 수주 확률에 100%를 할당하는 예시 코드입니다.

```
Sub UpdateProbability()
    Dim rng As Range
    Dim i As Long

    Set rng = Range("I1:I" & Cells(Rows.Count, "I").End(xlUp).Row)

    For i = 1 To rng.Rows.Count
        If Cells(i, "J").Value = "계약 완료" Then
            Cells(i, "I").Value = 1
        End If
    Next i
End Sub
```

이 코드를 VBA 편집기에서 새 모듈에 복사하신 후, 엑셀 파일을 열고, 해당 모듈을 실행하면, J열이 "계약 완료"인 경우 I열에 수주 확률이 100%로 입력됩니다. 코드에서 "J"와 "I"는 각각 열의 알파벳 이름을 나타내며, "계약 완료"는 J열의 셀 값이 "계약 완료"인 경우에 해당합니다. 이를 각자의 엑셀 파일에 맞게 수정하시면 됩니다.

ChatGPT가 준 코드를 엑셀 VBA 편집기에 입력하고 실행하면 현재 상황이 계약 완료인 경우 수주확률을 100%로 바로 바꿔 준다.

I	J
수주 확률	현재 상황
20%	영업중
80%	네고중
100%	계약 완료
60%	계약 예정
100%	계약 완료
40%	영업중
60%	영업중
100%	계약 완료

이렇게 앞에서 했던 영업사원 교차 확인, 영업 시작일에서 잘못된 날짜 바꾸기, 제안 금액에서 이상한 숫자 찾기 같은 것을 VBA 코드로 만들어 집어넣거나 모듈로 만들면 클릭 몇 번으로 이 모든 업무를 순식간에 해치울 수 있다. 그렇다면 ChatGPT에게 VBA 코드를 어떻게 요청하고, 그렇게 받은 VBA를 어떻게 사용하는지, 그걸로 무엇을 할 수 있는지 다음 장에서 계속 알아보자.

3

ChatGPT로 엑셀 매크로 VBA 사용하기
– 코딩 못 해도 매크로와 VBA를 쓸 수 있다

10

프로그래밍을 못 하는데 VBA를
사용할 수 있다고?

똘똘한 ChatGPT 하나, 열 신입사원 안 부럽다

"우와… 우와… 우와…"

김 주임은 최 대리 얘기를 들으면서 감탄사를 연이어 내뱉었다. 김 주임이 그동안 1시간 넘게 걸려 수행한 일을 불과 5분 만에 할 수 있다는 최 대리 말이 거짓이 아니었다. 물론 함수를 쓰고 조건부 서식을 써야 하지만 그게 어딘가!

"최 대리! 정말 놀랍다. 어떻게 이런 일이. 내가 1시간에 할 일을 얼마야 지금? 5분이면 되는 거네?"

"하하하, 이 정도는 기본이지. 어때? 신입사원 안 들어와도 ChatGPT가 신입사원이라 생각하면?"

"ChatGPT가 신입사원보다 백 배, 아니 만 배 더 똑똑한데? 이런 신입사원이라면 내가 커피도 사고 밥도 사고 술도 살 텐데… 아니 이런 거 못 먹잖아?"

"하하, 그러면 돈 아끼고 좋네 뭐."

"그런데 VBA도 한다고? 난 VBA 말만 들었지 실제로 해본 적은 없어. 이 거 프로그래밍이잖아. 코딩해야 하는 거 아냐?"

"그렇지. VBA가 프로그래밍 언어라서 코딩할 줄 알아야지. 그런데 이제는 직접 코딩 안 해도 돼. ChatGPT가 다 코딩해 주니까. 네가 ChatGPT로 VBA 를 사용할 수 있다면 아까 한 일을 1분으로 줄일 수 있지. 게다가 네가 어제 하루 종일 했다는 일도 몇 분 만에 할 수 있어."

"뭐? 진짜?"

두 사람은 한바탕 웃었다. 그때 갑자기 회의실 문이 빼꼼이 열리면서 같은 팀 박 과장이 눈을 크게 뜨고 말했다.

"어이, 김 주임. 거기서 뭐 해요? 지금 주간 회의 시작해요."

김 주임은 화들짝 놀라면서 시계를 봤다. 팀 주간 회의 1분 전이다.

"네? 아, 죄송합니다. 바로 가겠습니다. 최 대리, 미안. 회의 갔다 올게. 오 늘 오후 4시쯤 끝난다고 했지? 그때 여기서 다시 보자."

"그래."

김 주임은 바로 노트북을 들고 회의실로 갔다. 주간 회의는 1시간 넘게 걸 렸다. 바로 점심시간이어서 모두 같이 점심을 먹으러 갔다. 점심 내내 팀원 모 두 김 주임을 위로했다.

"김 주임, 우리도 참 안타깝네요."

"김 주임, 내년에는 꼭 신입사원 들어올 겁니다."

"김 주임, 혹시 다른 팀에서 전배 받을 수도 있으니까 기죽지 마요."

그런데 김 주임의 귀에는 이런 위로가 하나도 들어오지 않았다. 이미 김 주 임은 신입사원을 채용했으니까.

회의가 끝나고 잠시 업무를 본 김 주임은 4시가 되자 회의실에서 최 대리를 만났다.

"최 대리, 그거… 뭐지? VBA, 그거 마저 알려줄 수 있어?"

"음… 알려줄 수는 있지. 그런데…"

"그런데? 뭐?"

"맨입으로는 안 되지!"

"하하하."

김 주임이 한바탕 웃음을 터뜨렸다.

"당연하지. 내가 어떻게 입을 싹 닦겠어. 내가 오늘 저녁에 육해공으로 거하게 술 산다."

"좋아, 그럼 바로 내가 알려주지. 일단 VBA를 할 수 있으면 아침에 잠깐 보여준 대로 함수나 조건부 서식을 사용하지 않고도 아주 쉽고 빠르게 같은 결과를 낼 수 있어. 사실 함수나 조건부 서식도 일종의 VBA거든. VBA에서 만든 걸 사용한다고 보면 돼."

VBA? 매크로? 함수?

"오케이, 그런데 VBA가 정확히 뭐야? VISION… 뭐 그런 거야?"

"아니, VBA는 Visual Basic for Applications의 약자야. 마이크로소프트가 만든 오피스 응용 프로그램용 매크로 언어야."

"오피스 응용 프로그램용 매크로 언어? 뭔 소리야?"

"하하하, 어려운 용어 같지만 간단한 말이야. 오피스 응용 프로그램이 뭐야?"

"엑셀, 파워포인트, 워드 같은 건가?"

"그렇지. 그게 오피스 응용 프로그램이지. 요즘은 애플리케이션, 앱이라고 하잖아. 그런 것에 사용되는 프로그래밍 언어야."

"매크로 언어는 뭐야? 매크로는 들어봤는데."

"매크로 언어는… 음… 잠깐, 이건 그냥 ChatGPT에게 물어보자. 매크로 언어라고 쓰기만 하면 돼."

"그냥 매크로 언어라고 쓰라고?"

"응. 전문 용어 같은 것은 그냥 쓰면 ChatGPT가 알아서 정의를 알려줘."

김 주임은 ChatGPT에게 물었다.

 매크로 언어

 매크로 언어는 일반적으로 다른 프로그래밍 언어에서 사용되는 명령어나 함수 등을 대신하여 사용되는 일종의 스크립트 언어입니다. 매크로 언어는 일반적으로 작은 코드 블록이나 명령어를 미리 정의하고 나중에 사용할 수 있도록 합니다.

일반적으로 매크로 언어는 많은 소프트웨어 응용 프로그램에서 사용됩니다. 예를 들어, 워드 프로세서에서는 사용자가 자주 사용하는 명령어나 기능을 단축키로 설정하여 사용할 수 있도록 합니다. 이렇게 하면 사용자는 해당 기능을 수행하는 데 필요한 시간과 노력을 절약할 수 있습니다.

또한 매크로 언어는 데이터 처리, 데이터베이스 관리, 웹 개발 등 다양한 분야에서 사용됩니다. 매크로 언어를 사용하면 일상적인 작업을 자동화하거나 프로그램의 기능을 확장할 수 있습니다. 매크로 언어는 일반적으로 배우기 쉽고 사용하기 쉽습니다. 따라서 많은 사용자가 개인적으로 사용하거나 업무에서 활용하고 있습니다.

"그럼 VBA가 매크로 언어 중에 하나구나."

"그렇지. 그것도 ChatGPT에게 물어보자."

VBA는 매크로 언어야?

 네, VBA(Visual Basic for Applications)는 매크로 언어의 하나입니다. VBA는 일반적으로 Microsoft Office 제품군(예: Excel, Word, PowerPoint)의 매크로 기능을 지원하기 위해 만들어졌습니다.

VBA는 기본적으로 Visual Basic 프로그래밍 언어의 기능을 확장하여 제공합니다. VBA는 이벤트에 대한 반응으로 실행되는 프로시저, 사용자 정의 함수 및 데이터 유형을 지원합니다. 또한 VBA는 Office 애플리케이션의 객체 모델에 접근할 수 있어서, 이 객체 모델을 사용하여 Office 애플리케이션에서 작동하는 것을 자동화하고, 사용자 지정 기능을 구현할 수 있습니다.

VBA는 비교적 간단하게 배울 수 있으며, 프로그래밍 경험이 없는 사용자도 쉽게 사용할 수 있습니다. 따라서 VBA를 사용하여 매크로를 작성하면 사용자는 Office 애플리케이션에서 자주 사용하는 작업을 자동화하고, 더욱 효율적으로 작업할 수 있습니다.

함수와 조건부 서식 대신 VBA로 한 방에!

"좀 어려운 것 같으면서도 간단하게 배울 수 있고, 프로그래밍 경험이 없는 사용자도 쉽게 사용할 수 있다고 하네? 흠… 한번 도전해 봐야겠는 걸."

"그래, 많은 직장인이 엑셀이나 파워포인트, 워드를 사용하면서도 VBA를 몰라서 단순 반복 작업을 하느라 늘 바쁘고 야근하고 그러는 거지. 사실 처음에 혼자 시작하기는 어려워. 그렇다고 어디 가서 배워도 막상 직접 코딩하려고 하면 쉽지 않지. 그런데 ChatGPT가 나오면서 확 달라지고 있어. ChatGPT가 코딩을 대신 해주니까 사람은 코드를 보고 값만 한두 개 바꾸거나 약간만 검토할 수 있으면 되거든."

"좋아, 해 보자고. 뭐부터 하지?"

"일단, 오전에 했던 것을 VBA로 해보자. 아까 잠깐 보여준 것도 설명하고. 잠깐만, 메모하면서 보자."

1. VBA 편집기 사용법

2. 수주 확률과 현재 상황이 맞지 않는 데이터를 VBA로 찾기

3. 영업사원 코드를 VBA로 교차 확인하기

4. VBA로 영업 시작일에서 잘못된 날짜를 오늘 날짜로 바꾼다. 제안 금액에서 이상한 숫자를 VBA로 찾는다. 이건 합쳐서 하자. 잘못된 날짜와 이상한 숫자 찾기

"자, 일단 아침에 한 것을 VBA로 하는 걸 알려줄게. 코드도 좀 설명해 줄게."

"좋아. 그런데, 내가 어제 메일로 받은 120개 지점의 예상 매출 엑셀 파일을 합쳤어. 일일이 복사 붙여넣기 해서. 그걸 검토하고 나면 다시 지점에 엑셀 파일을 보내거든. 이것도 돼?"

"물론이지, 그럼 지점별로 시트 만들고, 모든 시트를 파일로 만드는 것도 알려줄게."

1. 여러 파일 내용을 VBA로 합치기

2. 통합시트를 지점별로 쪼개서 파일 만들기

이제 최 대리가 알려주는 대로 "엑셀예제_지점예상매출검토.xlsx" 파일을 다시 열어서 이번에는 VBA 코드를 만들면서 따라 해보자.

11

VBA 편집기 사용법

VBA 바로가기 메뉴가 안 보인다면?

엑셀에서 VBA 쓰는 법을 알아보자. 아주 간단하다.

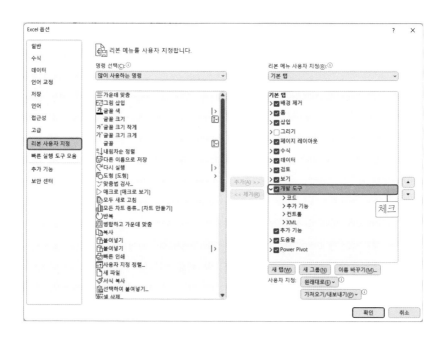

우선 VBA 바로가기 메뉴는 리본 메뉴에서 **[개발 도구]** 탭에 있다. **[개발 도구]** 탭이 안 보인다면 탭 메뉴에서 마우스 오른쪽 버튼을 눌러 나오는 팝업

메뉴에서 [리본 메뉴 사용자 지정]을 클릭하자. 그러면 바로 리본 메뉴 지정 대화상자가 나타난다. 오른쪽에서 [개발 도구] 목록을 찾아 체크한 다음 확인을 누르면 된다.

메뉴에 [개발 도구] 탭이 나타나면 그것을 누른 다음, 맨 왼쪽에 있는 [Visual Basic] 메뉴를 클릭하면 바로 VBA 편집기가 나타난다. 이 과정이 귀찮으면 그냥 단축키를 누르면 된다.

VBA 바로가기 단축키: Alt+F11

VBA 편집기 화면 구성

필자는 여기서 VBA 편집기라고 하는데, 원래는 그냥 VBA다. 하지만 우리가 알고 있는 VBA란 개념과 혼동될 수 있어서 여기서는 VBA를 프로그래밍 언어로 보고, VBA를 코딩하는 프로그램, 또는 기능은 VBA 편집기라고 하자.

VBA 편집기는 엑셀에서 하나의 기능을 클릭하면 나오는 대화상자와는 조금 다르게 생겼다. 마치 별도의 프로그램을 실행한 것처럼 보인다. 실제로 VBA는 엑셀에서만 사용되는 기능이 아니라, 마이크로소프트의 파워포인트나 워드에서도 사용할 수 있는 독립 프로그램이다.

화면은 크게 네 개의 영역으로 구성되어 있다. 상단에는 일반적인 윈도우 메뉴와 주요 아이콘이 가로로 배치되어 있다. 왼쪽에는 두 개의 패널이 있다. 위에는 윈도우 탐색기와 비슷한 모양의 프로젝트 탐색기 패널이 있고, 아래에는 속성 패널이 있다. 오른쪽은 텅 비어 있는 상태다.

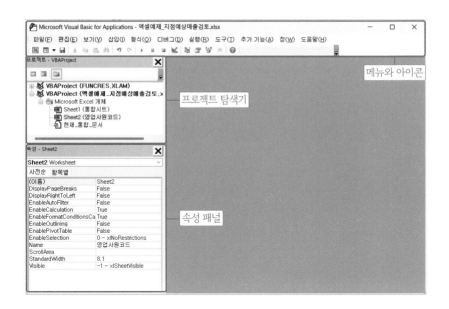

개발자는 다양한 메뉴와 속성을 어느 정도 이해하고 사용하지만, 비개발자가 쓰는 기능은 딱 두 개밖에 없다. 첫째, VBA 코드를 작성하는 코드 창을 연다. 둘째, 코드를 작성하고 실행한다.

우선 코드 창을 열어 보자. 먼저 VBA 편집기의 왼쪽에 있는 프로젝트 탐색기에서 해당하는 엑셀 시트를 찾자. 여기서는 Sheet1(통합시트)이다. 이 시트를 선택한 다음 마우스 오른쪽 버튼을 누르고 [삽입]에서 [모듈]을 선택한다. 그러면 오른쪽에 코드 창이 나타난다. 코드 창의 오른쪽 위에 있는 확대 아이콘을 클릭하면 화면에 꽉 차게 커진다.

참고로 엑셀에서 버튼을 클릭해서 매크로를 실행하는 것을 본 적이 있을 것이다. 그런 버튼을 만들려면 [모듈] 대신 [사용자 정의 폼]을 선택하면 된다. 이 책에서는 [모듈]까지만 다룬다. [사용자 정의 폼]까지 더 배우고자 하면 엑셀 매크로 책을 사서 참고하자.

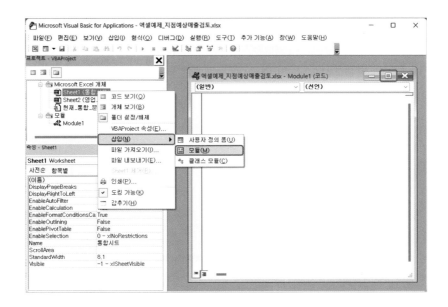

VBA 코드 실행하기

이제 코드를 넣고 실행하면 된다. 코드를 실행하려면 메뉴바에 있는 [**실행 아이콘(▶)**]을 클릭하거나 단축키 F5를 누른다.

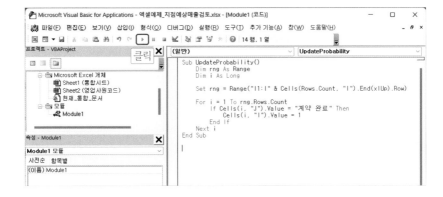

그런데 이때 주의할 것이 있다. 실행하고자 하는 코드를 한번 클릭한 다음 실행해야 해당 코드가 바로 실행된다. 만약 코드 바깥을 클릭했거나, 프로젝트 패널을 선택한 다음 실행하면 다음 그림처럼 매크로(=함수)를 선택하라고 나온다. 물론 이 창에서 매크로 이름을 선택하고 실행해도 상관은 없지만 초보자는 당황할 수밖에 없다. 그러니 기억하자.

"코드를 클릭하고 F5를 누른다."

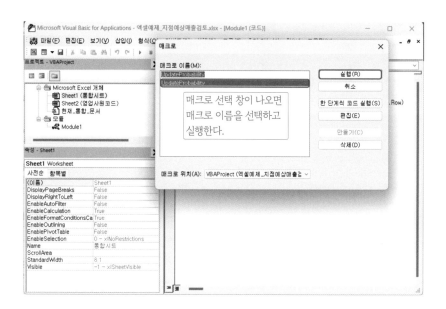

TIP

여기서 VBA의 특징 하나는 알고 가자. 코드 안을 클릭하는 이유는 코드 창에 여러 코드가 있을 수 있기 때문이다. VBA 코드는 **Sub**로 시작해서 **End Sub**로 끝난다. 그 안에 실행에 필요한 내용을 넣는다. 이것이 함수 하나, 또는 매크로 하나다. 예를 들어, 엑셀에서 사용하는 SUM 함수는 다음과 같이 표현할 수 있다.

```
Sub SUM(a, b)
    여기에 SUM에 필요한 내용을 넣는다
End Sub
```

코드 창에 이런 함수가 1개 이상 들어갈 수 있다. 그래서 코드를 실행하면 이중 어떤 함수를 실행할지 물어보는 것이다. 이때는 당황하지 말고 원하는 함수를 선택해 실행하면 된다.

ChatGPT에게 이런 것도 물어보세요!

- VBA 편집기 사용법을 알려줘.

- VBA에서 모듈이 뭐야?

- VBA 편집기에서 코드를 어떻게 실행해?

- VBA 편집기를 사용할 때 주의해야 할 것을 3가지 알려줘.

12

수주 확률과 현재 상황이 맞지 않는
데이터를 VBA로 찾기

현재 상황이 계약 완료면 수주 확률을 100%로 만드는 VBA 코드

앞에서 실습했던 내용을 다시 한번 살펴보면서 VBA 코드를 조금만 짚어보고 가자. 그래야 이후에 나오는 VBA 코드를 쉽게 이해하면서 엑셀 작업을 쉽게 자동화할 수 있다.

이전에 다룬 내용은 "엑셀예제_지점예상매출검토.xlsx" 파일에서 현재 상황이 계약 완료일 경우 수주 확률을 100%로 만드는 것이었다. 이때 ChatGPT와 나눈 대화는 다음과 같았다.

 엑셀 I열에 수주 확률이 있다. J열에 현재 상황이 있다. 현재 상황이 '계약 완료'이면 수주 확률에 100%를 입력하고 싶다. VBA 코드를 짜 줘

 아래는 VBA 코드로 I열에 수주 확률을 입력하고, J열이 "계약 완료"인 경우 수주 확률에 100%를 할당하는 예시 코드입니다.

```
Sub UpdateProbability()
    Dim rng As Range
```

```
    Dim i As Long

    Set rng = Range("I1:I" & Cells(Rows.Count, "I").End(xlUp).Row)

    For i = 1 To rng.Rows.Count
        If Cells(i, "J").Value = "계약 완료" Then
            Cells(i, "I").Value = 1
        End If
    Next i
End Sub
```

이 코드를 VBA 편집기에서 새 모듈에 복사하신 후, 엑셀 파일을 열고, 해당 모듈을 실행하면, J열이 "계약 완료"인 경우 I열에 수주 확률이 100%로 입력됩니다. 코드에서 "J"와 "I"는 각각 열의 알파벳 이름을 나타내며, "계약 완료"는 J열의 셀 값이 "계약 완료"인 경우에 해당합니다. 이를 각자의 엑셀 파일에 맞게 수정하시면 됩니다.

ChatGPT가 준 코드를 실행하면 엑셀 시트에서 현재 상황이 계약 완료일 경우 수주 확률이 100%로 바뀌는 모습을 볼 수 있다.

I	J
수주 확률	현재 상황
20%	영업중
80%	네고중
100%	계약 완료
60%	계약 예정
100%	계약 완료
40%	영업중
60%	영업중
100%	계약 완료
80%	네고중
20%	영업중

ChatGPT가 다 해주지만 그래도 알면 더 좋은 코드의 의미

이제 한 줄씩 코드를 짚어보자.

```
Sub UpdateProbability()    ——— 함수/매크로 이름
    ...
End Sub
```

VBA 코드의 맨 첫 줄은 함수 이름, 또는 매크로 이름이다. ChatGPT는 자동으로 함수 이름을 만들어주기 때문에 아주 편하다. 개발자들이 이름 짓는 것을 네이밍(naming)이라고 하는데, 이는 개발자가 가장 어려워하는 작업이다. 그런데 ChatGPT는 웬만하면 알아서 네이밍을 해준다.

```
Dim rng As Range    ——— Dim 변수 이름 As 변수의 유형
Dim i As Long
```

함수 안에서 처음 시작하는 두 줄이다. Dim은 Dimension(치수, 크기, 차원)을 말한다. Dim 다음에는 임의로 만든 변수 이름이 나오고, As 다음에는 변수의 유형이 나온다. 변수는 어떤 데이터를 담은 그릇의 이름이라고 생각하면 된다. 나중에 그 이름을 사용해 그릇에 담긴 데이터를 쉽게 쓸 수 있다. 변수의 유형은 그릇의 종류라고 생각하면 된다. 냉면은 스테인리스 그릇에 담아야 맛있고, 된장찌개는 뚝배기에 끓여야 맛있듯이 각 데이터에 맞는 그릇을 사용해야 한다.

엑셀 시트에서 어떤 범위를 설정하면 그 범위의 데이터 유형은 Range가 된다. 만약 특정 셀을 선택했는데 거기에 큰 숫자가 있으면 데이터 유형은 Long이 된다. 다음은 몇 가지 변수 유형이다. 이런 게 있다는 정도로만 참고하자. 변수는 ChatGPT가 알아서 만들어주기 때문이다.

변수 유형	의미	범위
Integer	정수	−32,768 ~ 32,767 사이의 값
Long	정수	−2,147,483,648 ~ 2,147,486,647 사이의 값
String	문자	0 ~ 20억 개 문자
Boolean	Y/N	True 또는 False
Object	개체	워크시트, 그림 등
Range	행열	시트에서 선택한 범위

계속 이어서 코드를 살펴보자.

```
Set rng = Range("I1:I" & Cells(Rows.Count, "I").End(xlUp).Row)
```

이 코드는 Set으로 시작했다. Set은 rng라는 변수에 Range 개체를 넣는다는 뜻이다. 먼저 Cells(Rows.Count, "I")는 I 열의 맨 아래 셀을 의미한다. End(xlUp)은 위로 올라오라는 말이다. 이렇게 나온 숫자는 결국 I 열에 있는 행의 개수다. 행이 12개 있다면 위 코드는 Set rng = Range("I1:I12")를 의미한다.

For ~ Next는 지정한 조건만큼 안의 내용을 반복하게 하는 명령어다. i라는 변수는 정수를 의미하며, 앞서 Dim i As Long이란 코드로 선언되었다. 이 i란 변수에 숫자 1을 넣은 다음 rng.Rows.Count, 즉 현재 시트의 마지막 행 숫자까지 다음 내용을 반복하라는 것이다.

```
If Cells(i, "J").Value = "계약 완료" Then
    Cells(i, "I").Value = 1
End If
```

만약 어떤 조건이면, 어떤 행동을 하라

If ~ Then ~ End If는 만약 어떤 조건이면 어떤 행동을 하라는 것이다. 여기서는 i 행 J 열의 셀 값이 "계약 완료"면 i 행 I 열에 숫자 1(=100%)을 넣으라는 명령이다.

자, 어떤가? 예상외로 코드가 쉽지 않은가? 다시 한번 보면서 이해해보자.

```
// VBA 매크로는 Sub로 시작해서 End Sub로 끝난다.
Sub UpdateProbability()
    // 변수 유형을 정해서 변수를 선언한다.
    Dim rng As Range
    Dim i As Long
    // I 열 맨 아래에서 위로 올라오며 개수를 센다.
    Set rng = Range("I1:I" & Cells(Rows.Count, "I").End(xlUp).Row)
    // I 열의 개수만큼 반복한다.
    For i = 1 To rng.Rows.Count
        // 만약 J 열의 값이 '계약 완료'면
        If Cells(i, "J").Value = "계약 완료" Then
            // I 열 해당 행에 숫자 1(=100%)을 입력한다.
            Cells(i, "I").Value = 1
        End If
    Next i
End Sub
```

이 책의 목적은 VBA 코드를 익히는 것이 아니다. VBA 코드는 어차피 ChatGPT가 다 작성해 준다. 우리는 대략적인 내용과, 뭘 어떻게 수정하면 되는지만 알면 된다. 예를 들어 수주확률 열이 I 열이 아니라 K 열로 옮겨졌을 때 코드에서 I를 K로 바꿀 수 있으면 된다. 또는 현재 상황 열에서 '계약 완료'란 말을 '계약 종료'로 바꿨을 때 코드에서 '계약 완료'를 '계약 종료'로 바꿀 수만 있으면 된다.

즉, 코드에서 우리가 알아야 할 것은 다음과 같다.

- 엑셀 파일 이름과 경로가 바뀌었을 때 코드를 변경하는 방법

- 시트 이름이 바뀌었을 때 코드를 변경하는 방법

- 열 이름이 바뀌었을 때 코드를 변경하는 방법

- 열의 위치가 바뀌었을 때 코드를 변경하는 방법

- 셀 값이 바뀌었을 때 코드를 변경하는 방법

ChatGPT에게 이런 것도 물어보세요!

앞에서 궁금한 것을 ChatGPT에게 물어봐도 된다. 예를 들어 어떤 코드를 주고 다음에 해당하는 내용을 물어보자.

- 다음 코드에서 엑셀 파일 이름과 경로가 바뀌었을 때 어떻게 코드를 바꾸는지 알려줘.

- 다음 코드에서 시트 이름이 바뀌었을 때 어떻게 코드를 바꾸는지 알려줘.

- 다음 코드에서 열 이름이 바뀌었을 때 어떻게 코드를 바꾸는지 알려줘.

- 다음 코드에서 열의 위치가 바뀌었을 때 어떻게 코드를 바꾸는지 알려줘.

- 다음 코드에서 셀 값이 바뀌었을 때 어떻게 코드를 바꾸는지 알려줘.

만약 코드를 이해하기 어렵다면 해당 코드가 무슨 뜻인지 물어보자.

다음 VBA 코드를 설명해 줘.

Set rng = Range("I1:I" & Cells(Rows.Count, "I").End(xlUp).Row)

 위의 VBA 코드는 다음과 같은 작업을 수행합니다:

1. "rng"이라는 변수를 선언하고 초기화합니다.

2. "Range" 함수를 사용하여 "I1" 셀부터 "I" 열의 마지막 행까지의 범위를 지정합니다.

3. "Cells" 함수를 사용하여 "I" 열의 마지막 행 번호를 가져옵니다.

4. "xlUp" 상수를 사용하여 마지막 행의 위쪽 방향으로 이동하여 마지막 셀이 비어 있지 않은 행을 찾습니다.

5. "End" 속성을 사용하여 마지막 행의 위치를 반환합니다.

6. 이렇게 구한 마지막 행 번호를 이용해 "I1" 셀부터 "I" 열의 마지막 비어 있지 않은 셀까지의 범위를 "rng" 변수에 할당합니다.

결과적으로, 이 코드는 "I" 열에서 값이 있는 모든 셀을 포함하는 범위를 "rng" 변수에 저장합니다. 이 범위는 이후에 다른 VBA 코드에서 데이터 처리나 조작 등에 사용될 수 있습니다.

웬만한 코드는 ChatGPT가 상세하게 해설해 준다. ChatGPT는 코드를 작성할 뿐 아니라 설명도 해준다는 것을 잊지 말자.

13

영업사원 코드를 VBA로
교차 확인하기

영업사원 코드를 교차 확인하자

	A	B	C	D
1	지역	지점명	대상 월	영업사원코드
2	서울	서울강남지점	2023년 2월	2011005
3	서울	서울강남지점	2023년 2월	2011005
4	서울	서울강남지점	2023년 2월	2011005
5	서울	서울강남지점	2023년 2월	2013005
6	서울	서울강북지점	2023년 2월	2013005
7	서울	서울강북지점	2023년 2월	2013005
8	서울	서울강북지점	2023년 2월	2013005
9	서울	서울강북지점	2023년 2월	2016021
10	서울	서울강북지점	2023년 2월	2016003
11	서울	서울강북지점	2023년 2월	2012001
12	경기	화성지점	2023년 2월	2015025
13	경기	화성지점	2023년 2월	2020012
14	경기	화성지점	2023년 2월	2008012
15	부산	중구지점	2023년 2월	2020012
16	부산			2020012
17	부산			2021002
18	부산			2021007

통합시트 D열에 영업사원 코드가 있다.

통합시트 영업사원코드

	A
1	영업사원코드(20230128기준)
2	2008012
3	2011005
4	2012001
5	2013006
6	2016003
7	2020012
8	2021002
9	2021007
10	2022017
11	2023001
12	2023002
13	2023003
14	2023004
15	2023005
16	
17	
18	

영업사원코드 시트에는 현재 재직 중인 영업사원 코드만 있다.

통합시트 영업사원코드

앞서 우리가 한 작업은 '통합시트' 시트에서 지점별, 영업사원별 파이프라인 데이터를 하나씩 살펴보며 해당 영업사원 코드가 '영업사원코드' 시트에 있는 코드인지 확인하는 일이었다. 영업사원 코드가 '영업사원코드' 시트에 없다면 해당 셀 옆에 #N/A로 알려주거나, 해당 셀을 노란색으로 칠했다. 이 작업에는 VLOOKUP 같은 함수와 조건부 서식을 사용했는데, VBA 코드로 더 간단하게 처리할 수 있다.

사실 궁극적으로 하려는 일은 체크가 아니다. 지점 담당자가 퇴사한 영업사원 코드를 적거나 코드를 잘못 적었을 때 이 행을 없애는 것이 최종적으로 할 일이다. 이번에는 VBA를 이용해 '통합시트' 시트의 영업사원 코드가 '영업사원코드' 시트에 없다면 '통합시트' 시트에서 해당 행을 삭제해 보자.

ChatGPT에게 VBA 코드를 짜 달라고 하자

우선 ChatGPT에게 코드를 요청하자. 처음에는 생각나는 대로 써 보자.

 엑셀 '통합시트' 시트 D열에 영업사원코드가 있다. '영업사원코드' 시트 A열에 영업사원코드가 있다. '통합시트' 시트 D열에 있는 영업사원코드가 '영업사원코드' 시트의 A열에 존재하지 않으면 '통합시트' 시트의 해당 행을 삭제하는 VBA 코드를 짜 줘

이렇게 요청해도 되지만 좀 복잡해 보인다. 이럴 때는 줄바꿈(Shift+Enter)을 해서 좀더 구조화되고 정교하게 쓸 수도 있다. ChatGPT는 '아래 내용', '다음과 같이', '지금부터 말하는 것'과 같은 용어의 의미와 맥락을 이해할 수 있다.

 아래 내용으로 엑셀 VBA 코드를 작성해줘.

- '통합시트' 시트 D열에 영업사원코드가 있다.

- '영업사원코드' 시트 A열에 영업사원코드가 있다.

- '통합시트' 시트 D열에 있는 영업사원코드가 '영업사원코드' 시트의 A열에 존재하지 않으면 '통합시트' 시트의 해당 행을 삭제

```
Sub DeleteRowsWithoutCode()
    Dim wsIntegrated As Worksheet
    Dim wsCode As Worksheet
    Dim codeRange As Range
    Dim integratedRange As Range
    Dim integratedLastRow As Long
    Dim i As Long
    Dim code As String
    Dim found As Range

    ' 통합시트와 영업사원코드 시트 불러오기
    Set wsIntegrated = ThisWorkbook.Sheets("통합시트")
    Set wsCode = ThisWorkbook.Sheets("영업사원코드")

    ' 통합시트와 영업사원코드 범위 설정
    integratedLastRow = wsIntegrated.Cells(wsIntegrated.Rows.
Count, "D").End(xlUp).Row
    Set integratedRange = wsIntegrated.Range("D2:D" &
integratedLastRow)
    Set codeRange = wsCode.Range("A1:A" & wsCode.Cells(wsCode.
Rows.Count, "A").End(xlUp).Row)

    ' 통합시트에서 영업사원코드가 존재하지 않는 행 삭제
    For i = integratedLastRow To 2 Step -1
        code = integratedRange.Cells(i - 1, 1)
        Set found = codeRange.Find(What:=code, LookIn:=xlValues,
LookAt:=xlWhole)
        If found Is Nothing Then
            wsIntegrated.Rows(i).EntireRow.Delete
        End If
    Next i
End Sub
```

앞 코드에서는 다음과 같은 작업이 수행됩니다.

1. 통합시트와 영업사원코드 시트를 불러옵니다.

2. 통합시트의 D열 범위와 영업사원코드 시트의 A열 범위를 설정합니다.

3. 통합시트의 마지막 행부터 첫 번째 행까지 역순으로 반복하면서 D열에 있는 영업사원코드가 영업사원코드 시트의 A열에 존재하지 않으면 해당 행을 삭제합니다.

이 코드를 실행하기 전에 작업 중인 엑셀 파일에 "통합시트"와 "영업사원코드"라는 이름의 시트가 있어야 하며, 작업 중인 열이나 행이 없어야 합니다. 또한, 코드를 실행하기 전에 꼭 백업을 해두시기를 권장드립니다.

ChatGPT가 준 코드를 실행하자

코드를 보니 중간중간에 주석이 있다. 상세한 주석을 원하면 ChatGPT에게 요청할 때, 마지막에 '코드 안에 상세한 주석을 써 줘'라고 하면 된다.

다음은 원본 데이터이며 음영으로 색칠한 부분은 삭제해야 할 행이다.

	D	E	F	G	H	I	J
1	영업사원코드	고객사명	영업기회명	영업 시작일	제안 금액(원)	수주 확률	현재 상황
2	2011005	한양대학교	학생식당 1학기 식자재 납품	2023-01-06	2,000,000	20%	영업중
3	2011005	영우건설	노량진 건설현장 식자재 납품	2021-01-23	4,500,000	80%	네고중
4	2011005	영우건설	서초동 건설현장 식자재 납품	2023-01-10	2,300,000	100%	계약 완료
5	2013005	단양고등학교	학생식당 1학기 식자재 납품	2024-01-22	48,521,800	60%	계약 예정
6	2013005	서초중학교	학생식당 1학기 식자재 납품	2023-12-11	58,640,000	40%	계약 완료
7	2013005	맛나치킨	전국 매장 식용유 납품	2023-01-32	-	40%	영업중
8	2013005	BBB스테이크하우스	서울 매장 식용유 납품	2023-01-14	4,840,000	60%	영업중
9	2016021	경남랜드	입점 매장 식자재 납품	2025-01-10	61,880,000	80%	계약 완료
10	2016003	울산S텔레콤2공장	1동 구내식당 식자재 납품	2022-12-14	8,160,180	80%	네고중
11	2012001	울산S텔레콤2공장	2동 구내식당 식자재 납품	2023-01-07	4,518,118	20%	영업중
12	2015025	울산S텔레콤2공장	3동 구내식당 식자재 납품	2023-01-12	100	40%	영업중
13	2020012	부산올지보건소	보건소 무료 급식소 식자재 납품	2023-01-22	1,818,000		
14	2008012	양산미라지콘도	직원식당 식자재 납품	2023-01-10	4,581,585,41		
15	2020012	양상미라지콘도	입점매장 식용유 납품	2022-12-34	680,000	100%	계약 예정
16	2020012	수진자동차공장	구내식당 식용유 납품	2023-01-20	4,870,000	100%	계약 예정
17	2021002	한신기숙사	구내식당 식용유 납품	2023-01-21	4,862,480	100%	계약 예정
18	2021007	형원산업	구내식당 운영 대행	2023-01-22	66,188,481	100%	계약 예정
19	2021007	미래건축사	구내식당 운영 대행	2023-01-10	43,214,000	80%	계약 예정
20							

사라져야 하는 행

챗GPT와 업무자동화

일단 코드를 복사한 다음 VBA 편집기에 붙여넣고 실행하자. 그러면 영업
사원 코드가 '영업사원코드' 시트에 없는 행은 모두 사라진 것을 볼 수 있다.

	D	E	F	G	H	I	J
1	영업사원코드	고객사명	영업기회명	영업 시작일	제안 금액(원)	수주 확률	현재 상황
2	2011005	한양대학교	학생식당 1학기 식자재 납품	2023-01-06	2,000,000	20%	영업중
3	2011005	영우건설	노량진 건설현장 식자재 납품	2021-01-23	4,500,000	80%	네고중
4	2011005	영우건설	서초동 건설현장 식자재 납품	2023-01-10	2,300,000	100%	계약 완료
5	2016003	울산S텔레콤2공장	1동 구내식당 식자재 납품	2022-12-14	8,160,180	80%	네고중
6	2012001	울산S텔레콤2공장	2동 구내식당 식자재 납품	2023-01-07	4,518,118	20%	영업중
7	2020012	부산을지보건소	보건소 무료 급식소 식자재 납품	2023-01-22	1,818,000	60%	영업중
8	2008012	양산미라지콘도	직원식당 식자재 납품	2023-01-10	4,581,585,415	80%	계약 예정
9	2020012	양상미라지콘도	입점매장 식용유 납품	2022-12-34	680,000	100%	계약 예정
10	2020012	수진자동차공업	구내식당 식용유 납품	2023-01-20	4,870,000	100%	계약 예정
11	2021002	한신기숙사	구내식당 식용유 납품	2023-01-21	4,862,480	100%	계약 예정
12	2021007	형원산업	구내식당 운영 대행	2023-01-22	66,188,481	100%	계약 예정
13	2021007	미래건축사	구내식당 운영 대행	2023-01-10	43,214,000	80%	계약 예정
14							
15							
16							
17							
18							
19							
20							

이런 VBA 코드를 개발자가 아닌 사람이 직접 작성한다면 아마 인터넷을
하루 종일 검색해도 못 할 가능성이 높다. 그러나 ChatGPT를 사용하면 아주
쉽고 빠르게 VBA 코드를 사용할 수 있다. 이런 코드를 몇 개 만들어두고 '실
행'만 하면 되므로, 하루나 한 시간 걸릴 일을 몇 초 만에 끝낼 수 있다.

TIP

코드 안에 간단한 주석이 있으니 따로 코드를 설명하지는 않아도 되겠다. 다만 코드 아래에
있는 설명을 보면 주의할 점이 나와 있다.

코드를 실행하기 전에 꼭 백업을 해두기를 권장합니다.

그렇다. VBA 코드는 실행하면 특별한 예고 없이 바로 적용되는 특징이 있다. 삭제 명령이
있으면 거침없이 삭제해 버린다. 그러니 반드시 원본을 백업해 놓자.

14

잘못된 날짜와 이상한 숫자를
VBA로 찾아 바꾸기

영업 시작일이 이상한 날짜를 찾아 바꾸자

앞에서 함수와 조건부 서식을 이용해 오늘 날짜(2023년 1월 28일) 이후의
날짜와 2023-01-32처럼 존재하지 않는 날짜를 오늘 날짜로 바꿨다. 이걸
VBA로 한 번에 해치워 보자. 비교를 위해 G 열을 복사해서 H 열에 추가했다.
ChatGPT에게 H 열의 날짜를 바꾸는 VBA 코드를 물어보자.

 엑셀 H열에 날짜가 있다. 2023년 1월 28일 이후 날짜와, 날짜가 아닌 것을 모두
2023-01-28로 바꾸는 VBA 함수를 짜 줘

```
Sub UpdateDateValues()
    Dim lastRow As Long
    Dim dateValue As Date
    Dim cellValue As Variant

    lastRow = Cells(Rows.Count, "H").End(xlUp).Row

    For i = 1 To lastRow
        cellValue = Cells(i, "H").Value
```

```
' 셀 값이 날짜인지 체크
If IsDate(cellValue) Then
    dateValue = CDate(cellValue)

    ' 데이터가 2023년 1월 28일 이후인지 체크
    If dateValue > DateSerial(2023, 1, 28) Then
        Cells(i, "H").Value = "2023-01-28"
    End If
Else
    Cells(i, "H").Value = "2023-01-28"
End If
Next i
End Sub
```

이 코드를 VBA 편집기에 붙여넣고 실행해 보자. 다음과 같이 H 열의 잘못
된 날짜가 오늘 날짜로 바뀐 것을 확인할 수 있다.

G	H
영업 시작일	2023-01-28
2023-01-06	2023-01-06
2021-01-23	2021-01-23
2023-01-10	2023-01-10
2024-01-22	2023-01-28
2023-12-11	2023-01-28
2023-01-32	2023-01-28
2023-01-14	2023-01-14
2025-01-10	2023-01-28
2022-12-14	2022-12-14
2023-01-07	2023-01-07
2023-01-12	2023-01-12
2023-01-22	2023-01-22
2023-01-10	2023-01-10
2022-12-34	2023-01-28
2023-01-20	2023-01-20
2023-01-21	2023-01-21
2023-01-22	2023-01-22
2023-01-10	2023-01-10

제안 금액에 이상한 숫자를 찾아 바꾸자

이번에는 평균과 표준편차를 활용해 제안 금액에서 이상치를 찾아보자. 앞에서는 다음 함수를 사용해 최대 이상치를 찾았다.

```
=AVERAGE(H:H) + 2.5 * STDEV(H:H)
```

이번에는 ChatGPT에게 최대 이상치가 있는 셀을 노란색으로 칠하는 VBA 코드를 요청하자.

 엑셀 H열에 숫자가 있다. 평균과 표준편차를 이용해서 최대 이상치를 찾아 셀 배경을 노란색으로 칠하는 VBA 코드를 짜 줘

 다음은 엑셀 VBA 코드 예시입니다. H열의 숫자 중에서 **평균보다 표준편차의 3배 이상 큰 값을 최대 이상치로 판단**하여 해당 셀의 배경색을 노란색으로 설정합니다.

```
Sub HighlightOutliers()
    ' 변수 선언
    Dim lastRow As Long
    Dim dataRange As Range
    Dim avg As Double
    Dim stdev As Double
    Dim outlierThreshold As Double
    Dim cell As Range

    ' 데이터 범위 설정
    lastRow = ActiveSheet.Cells(Rows.Count, "H").End(xlUp).Row
    Set dataRange = Range("H1:H" & lastRow)

    ' 평균과 표준편차 계산
    avg = WorksheetFunction.Average(dataRange)
    stdev = WorksheetFunction.StDev(dataRange)
```

챗GPT와 업무자동화

```
' 최대 이상치 임계값 계산
outlierThreshold = avg + stdev * 3

' 이상치 찾아서 배경색 노란색으로 변경
For Each cell In dataRange
    If cell.Value > outlierThreshold Then
        cell.Interior.Color = vbYellow
    End If
Next cell
End Sub
```

이 코드를 실행하면 다음과 같이 최대 이상치가 있는 셀만 노란색 배경이 칠해진다. 최대 이상치는 여러 개 있을 수 있는데, 여기서는 숫자가 아닌 제목 셀과, 최대 이상치에 포함되는 4,581,585,415원 셀의 배경이 노랗게 칠해졌다.

H
제안 금액(원)
2,000,000
4,500,000
2,300,000
48,521,800
58,640,000
-
4,840,000
61,880,000
8,160,180
4,518,118
100
1,818,000
4,581,585,415
680,000
4,870,000
4,862,480
66,188,481
43,214,000

최대 이상치가 있는 셀만 노란색 배경으로 칠해진다.

VBA를 사용하면 함수나 조건부 서식을 사용하는 것보다 훨씬 빠르고, 편하며, 정확하게 원하는 결과를 만들 수 있다. 코드가 다소 이해하기 어렵고 복잡해 보이지만, 설명과 주석을 잘 읽어보면 대략 이해할 수 있으니 그 정도로도 충분히 자동화를 할 수 있다.

이 코드의 설명을 보면 평균보다 표준편차의 3배 이상 큰 값을 최대 이상치로 판단했다. 앞서 함수를 물었을 때는 평균보다 표준편차의 2.5배 이상 큰 값을 최대 이상치로 판단했다.

이렇듯 ChatGPT는 그때그때 판단이 조금씩 다르므로 ChatGPT가 말하는 내용을 잘 읽어보고 수치나 설정을 필요에 맞게 수정하자.

ChatGPT에게 이런 것도 물어보세요!

VBA는 조건부 서식의 모든 기능을 코드로 구현할 수 있다. 어떤 서식 변경이든 ChatGPT에게 요청하자.

- 해당 셀의 테두리를 빨간색으로 칠해줘.

- 해당 셀의 형식을 '통화'로 바꿔줘.

- 해당 셀의 숫자를 소수점 두 자리 형식으로 바꿔줘.

- 해당 셀의 내용을 줄 바꿈 해줘.

15

VBA를 이용해 여러 파일 내용을
하나의 파일로 합치기

우리에겐 아직 합쳐야 할 파일이 120개나 남았습니다

지금까지는 김 주임이 어제 모든 지점의 엑셀 파일을 하나로 합쳐둔 통합
파일로 검토했다. 이번에는 김 주임이 어제 하루 종일 했던 여러 파일을 하나
의 엑셀 파일로 합치는 작업을 VBA로 해보자.

우선 지점별 엑셀 파일을 보자. 형식은 통합파일의 통합시트 내용과 같다.
다만 자기 지점 데이터만 적었을 뿐이다.

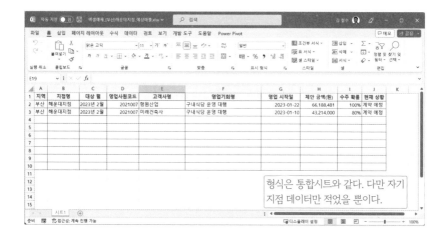

파일은 모두 PC의 C 드라이브에 있으며 폴더 경로는 다음과 같다.

C:\Users\vitam\OneDrive\문서\data

폴더를 열어보면 다음과 같이 지점별 파일이 보인다.

여러 엑셀 파일을 하나로 합치자

ChatGPT에게 파일을 하나로 합쳐달라고 해보자.

 어떤 폴더에 엑셀 파일이 여러 개 있다. 이 파일을 하나씩 열어서 첫 번째 시트에 있는
내용을 복사해서 하나로 합치는 vba 코드를 짜 줘.

 아래는 엑셀 VBA를 사용하여 특정 폴더에서 모든 엑셀 파일을 열어 첫 번째 시트에
있는 데이터를 하나의 워크시트에 합치는 코드 예시입니다.

```
Sub MergeExcelFiles()
    Dim folderPath As String
    Dim filename As String
    Dim wb As Workbook
    Dim ws As Worksheet
    Dim combinedWs As Worksheet
    Dim lastRow As Long

    '폴더 경로 입력
    folderPath = "C:\Users\Username\Documents\Excel Files\"
    '새로운 워크시트 생성
    Set combinedWs = ThisWorkbook.Worksheets.Add

    '모든 파일에 대해 반복
    filename = Dir(folderPath & "*.xlsx")
    Do While filename <> ""
        Set wb = Workbooks.Open(folderPath & filename)
        Set ws = wb.Sheets(1)

        '마지막 행 구하기
        lastRow = combinedWs.Cells(Rows.Count, 1).End(xlUp).Row

        '데이터 복사해서 붙여넣기
        ws.Range("A1").CurrentRegion.Copy
```

```
        combinedWs.Range("A" & lastRow + 1).PasteSpecial
xlPasteValuesAndNumberFormats

        wb.Close SaveChanges:=False
        filename = Dir()
    Loop

    '데이터 정렬
    combinedWs.Range("A1").CurrentRegion.Sort _
        key1:=combinedWs.Range("A1"), _
        order1:=xlAscending, Header:=xlYes

    '알림 메시지 출력
    MsgBox "모든 엑셀 파일의 데이터가 정상적으로 병합되었습니다!"
End Sub
```

위 코드에서는 먼저 변수를 초기화하고, 폴더 경로를 지정한 다음, 모든 엑셀 파일에 대해 반복하여 각 파일의 첫 번째 시트에서 데이터를 복사하고, 새 워크시트에 붙여넣기를 수행합니다. 마지막으로, 데이터를 정렬하고 알림 메시지를 출력합니다.

코드를 실행하기 전에, VBA 창에서 Tools > References를 클릭하여 Microsoft Scripting Runtime 라이브러리를 활성화해야합니다. 이 라이브러리를 활성화하면 FileSystemObject를 사용하여 폴더 내 파일을 찾을 수 있습니다.

빈 엑셀 시트를 열고, VBA 편집기를 연 다음 ChatGPT가 준 코드를 붙여넣고 실행해 보자. 바로 오류가 난다.

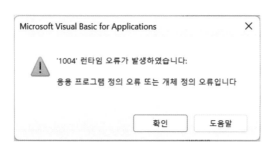

런타임 오류를 해결하자

런타임 오류가 발생하는 이유는 여러 가지가 있지만, 여기서는 두 가지를 확인해야 한다.

첫째, 폴더 경로를 재지정해야 한다. 코드를 처음부터 다시 확인하면서 폴더 경로를 찾자.

```
'폴더 경로 입력
folderPath = "C:\Users\Username\Documents\Excel Files\"
```

코드를 보면 폴더 경로가 C 드라이브의 문서(Documents)에 있는 엑셀 파일(Excel Files) 폴더로 지정되어 있다. 이 경로를 본인 PC에 맞게 수정해야 한다. 지점별 예제 파일이 있는 폴더 경로를 복사해 folderPath = 뒤에 붙여넣자. 경로 끝이 '\'로 끝나야 한다는 것에 주의한다.

```
'폴더 경로 입력
folderPath = "C:\Users\vitam\OneDrive\문서\data\"
```
└── 본인 경로에 맞게 수정한다.

다시 코드를 실행하자.

만약 똑같은 런타임 오류가 발생한다면 VBA 편집기에서 [도구] 메뉴에 있는 [참조]를 클릭한다. 참조 대화상자가 나오면 [Microsoft Scripting Runtime]을 찾아 체크하고 [확인]을 누른다.

코드를 다시 실행하고 더 이상 오류가 없다면 지점별 파일이 열렸다 닫혔다 반복하면서 빈 시트에 내용이 채워지는 것을 확인할 수 있다.

열 제목이 계속 추가되는 것을 막자

그런데 통합된 시트를 보니 뭔가 이상하다. 첫 행은 비어있고 아래쪽에는 열 제목이 여러 행에 걸쳐 반복된다. 이 문제는 아래 코드와 관련 있다.

```
'데이터 복사해서 붙여넣기
ws.Range("A1").CurrentRegion.Copy
combinedWs.Range("A" & lastRow + 1).PasteSpecial xlPasteValuesAnd
NumberFormats
```

이 코드는 A1이 포함된 모든 범위를 복사한다. 따라서 A2로 바꿔도 여전히 A1부터 복사한다. 이처럼 문제가 생기면 직접 해결하려고 하지 말고 ChatGPT에게 다시 물어보자.

 다음 코드에서 첫 번째 행을 빼고 복사하려면 어떻게 해야 해?

```
ws.Range("A1").CurrentRegion.Copy
```

 첫 번째 행을 제외하고 복사하려면, CurrentRegion 메서드 대신에 Resize 메서드를 사용하여 범위를 지정해주어야 합니다.

아래와 같이 코드를 수정하면 됩니다.

```
ws.Range("A2").Resize(ws.Range("A2").CurrentRegion.Rows.Count - 1,
    ws.Range("A2").CurrentRegion.Columns.Count).Copy
```

위 코드에서 Range("A2")는 첫 번째 행을 제외한 두 번째 행을 시작 셀로 지정합니다. 그리고 Resize 메서드를 사용하여 데이터가 있는 범위의 행 수에서 1을 뺀 만큼의 행과, 데이터가 있는 범위의 열 수만큼의 열을 선택합니다.

따라서 ws.Range("A2").Resize(ws.Range("A2").CurrentRegion.Rows. Count - 1, ws.Range("A2").CurrentRegion.Columns.Count).Copy는 ws 워크시트에서 첫 번째 행을 제외한 모든 데이터를 복사하는 코드입니다.

ChatGPT가 말한 코드를 ws.Range("A1").CurrentRegion.Copy 대신 붙여넣고 실행하자.

```
'데이터 복사해서 붙여넣기
ws.Range("A2").Resize(ws.Range("A2").CurrentRegion.Rows.Count - 1,
    ws.Range("A2").CurrentRegion.Columns.Count).Copy
combinedWs.Range("A" & lastRow + 1).PasteSpecial xlPasteValuesAnd
NumberFormats
```

그러면 다음과 같이 열 제목 없이 내용만 추가된다.

	A	B	C	D	E	F	G	H	I	J
1										
2	경기	화성지점	2023년 2월	2015025	울산S텔레 3동 구내식	######	100			
3	경기	화성지점	2023년 2월	2020012	부산울지노보건소 무	######	######			
4	경기	화성지점	2023년 2월	2008012	양산미라지 직원식당	######	######		80% 계약 예정	
5	부산	중구지점	2023년 2월	2020012	양상미라지 입점매장	2022-12-3	680,000		100% 계약 예정	
6	부산	중구지점	2023년 2월	2020012	수진자동차 구내식당	######	######		100% 계약 예정	
7	부산	중구지점	2023년 2월	2021002	한신기숙사 구내식당	######	######		100% 계약 예정	
8	부산	해운대지점	2023년 2월	2021007	형원산업 구내식당	######	######		100% 계약 예정	
9	부산	해운대지점	2023년 2월	2021007	미래건축사 구내식당	######	######		80% 계약 예정	
10	서울	서울강남지	2023년 2월	2011005	한양대학교학생식당	######	######		20% 영업중	
11	서울	서울강남지	2023년 2월	2011005	영우건설 노량진 건	######	######			
12	서울	서울강남지	2023년 2월	2011005	영우건설 서초동 건	######	######			
13	서울	서울강남지	2023년 2월	2013005	단양고등학교학생식당	######	######			
14	서울	서울강북지	2023년 2월	2013005	서초중학교학생식당	######	######		40% 계약 완료	
15	서울	서울강북지	2023년 2월	2013005	맛나치킨 전국 매장	2023-01-3	-		40% 영업중	
16	서울	서울강북지	2023년 2월	2013005	BBB스테이서울 매장	######	######		60% 영업중	
17	서울	서울강북지	2023년 2월	2016021	경남랜드 입점 매장	######	######		80% 계약 완료	
18	서울	서울강북지	2023년 2월	2016003	울산S텔레 1동 구내식	######	######		80% 네고중	
19	서울	서울강북지	2023년 2월	2012001	울산S텔레 2동 구내식	######	######		20% 영업중	
20										

첫 행이 비어있다.

열 제목 없이 내용만 추가된다.

TIP

보다시피 통합시트의 첫 행이 비어 있다. 보통 첫 행에는 열 제목이 들어가므로 아무 지점의 파일을 열고 열 제목을 복사해 붙여넣으면 된다. 물론 열 제목을 자동으로 입력하는 것도 가능하다. ChatGPT에게 요청해 직접 한번 해보자.

ChatGPT에게 이런 것도 물어보세요!

여러 파일뿐만 아니라 여러 시트도 하나의 시트로 합칠 수 있다. ChatGPT에게 어떻게 하는지 물어보자.

- 엑셀 파일에 여러 시트가 있다. 시트 내용을 한 시트로 합치는 VBA 코드를 알려 줘.

여러 파일의 여러 시트를 합치는 것도 가능하다. 이렇게 물어보자.

- 특정 폴더에 엑셀 파일이 여러 개 있다. 각 엑셀 파일에는 시트도 여러 개 있다. 모든 엑셀 파일의 모든 시트를 하나의 엑셀 파일 시트로 만드는 VBA 코드를 알려 줘.

16

통합시트를 지점별로 쪼개서
파일 만들기

통합시트를 지점별 시트로 나누기

앞서 살펴본 것과 반대로 '통합시트' 시트에 있는 내용을 지점별 시트로 나눠야 할 때가 있다. 각 지점에서 파일을 재확인할 때 지점별로 나눠서 보내야 하기 때문이다. 이번에는 VBA 코드를 이용해 통합시트를 개별 시트로 나눠 보자.

	A	B	C	D	E	F	G	H	I	J
1	지역	지점명	대상 월	영업사원코드	고객사명	영업기회명	영업 시작일	제안 금액(원)	수주 확률	현재 상황
2	서울	서울강남지점	2023년 2월	2011005	한양대학교	학생식당 1학기 식자재 납품	2023-01-06	2,000,000	20%	영업중
3	서울	서울강남지점	2023년 2월	2011005	영우건설	노량진 건설현장 식자재 납품	2021-01-23	4,500,000	80%	네고중
4	서울	서울강남지점	2023년 2월	2011005	영우건설	서초동 건설현장 식자재 납품	2023-01-10	2,300,000	100%	계약 완료
5	서울	서울강남지점	2023년 2월	2013005	단양고등학교	학생식당 1학기 식자재 납품	2024-01-22	48,521,800	60%	계약 예정

통합시트 | 영업사원코드 | 서울강남지점 | 서울강북지점 | 화성지점 | 중구지점 | 해운대지점

통합시트를 지점별
시트로 나눠보자.

ChatGPT에게 바로 요청하자.

엑셀 B열에 지점명이 여러 가지 있다. 각 지점명으로 엑셀 시트를 새로 만들어서 해당 지점명의 데이터만 입력하게 하는 VBA 코드를 만들어 줘. 첫 행도 모든 시트에 복사해줘

```
Sub CreateNewFiles()
    Dim ws As Worksheet
    Dim newWs As Worksheet
    Dim lastRow As Long
    Dim i As Long

    '기준 엑셀 파일에서 B열 데이터를 기준으로 반복
    For Each ws In ActiveWorkbook.Worksheets
        lastRow = ws.Cells(Rows.Count, "B").End(xlUp).Row

        'B열 데이터가 비어있으면 건너뛰기
        If lastRow < 2 Then
            GoTo NextIteration
        End If

        '지점명 별로 새로운 워크시트 생성
        For i = 2 To lastRow
            Set newWs = Nothing
            On Error Resume Next
            Set newWs = Worksheets(ws.Range("B" & i).Value)
            On Error GoTo 0
            If newWs Is Nothing Then
                Set newWs = Worksheets.Add(after:=Worksheets(Works
heets.Count))
                newWs.Name = ws.Range("B" & i).Value
                ws.Range("A1:Z1").Copy newWs.Range("A1")
            End If
```

```
                '데이터 복사
                ws.Range("A" & i & ":Z" & i).Copy newWs.Range("A" &
        newWs.Cells(Rows.Count, "A").End(xlUp).Row + 1)
            Next i
        NextIteration:
            Next ws
        End Sub
```

코드를 보면 대강 이해가 간다. 이 코드를 실행하면 지점별 시트가 생성되고, 시트 이름은 각 지점의 이름으로 설정된다.

각 시트를 새 엑셀 파일로 만들기

이제 각 시트를 분리해서 엑셀 파일로 저장해 보자. 통합시트 파일을 지점에 보낼 수도 있지만, 다른 지점의 데이터를 보는 것이 문제가 될 수도 있다. 시트별로 엑셀 파일을 만드는 작업은 VBA로 간단하게 할 수 있다. 바로 ChatGPT에게 요청하자.

 엑셀에 있는 모든 시트를 특정 폴더에 각각의 엑셀 파일로 저장하는 VBA 코드를 짜줘.

```
Sub SaveAllSheetsAsIndividualExcelFiles()
    '저장할 폴더 경로 지정
    Dim SaveFolder As String
    SaveFolder = "C:\Users\UserName\Documents\SaveFolder\" '원하
는 폴더 경로로 변경

    '변수 초기화
    Dim WS As Worksheet
```

```
Dim NewWB As Workbook
Dim FileName As String

'각 시트별로 처리
For Each WS In ThisWorkbook.Worksheets
    '새 워크북 생성
    Set NewWB = Workbooks.Add
    '해당 시트 복사
    WS.Copy before:=NewWB.Sheets(1)
    '파일 이름 생성
    FileName = SaveFolder & WS.Name & ".xlsx"
    '저장
    NewWB.SaveAs FileName
    '원본 워크북 닫기
    NewWB.Close False
Next WS
End Sub
```

코드를 실행하기 전에 다음 코드에서 폴더 경로를 변경해야 한다.

```
SaveFolder = "C:\Users\UserName\Documents\SaveFolder\"
```

저장하고자 하는 폴더 경로로 바꾼 다음 실행해 보자. 새 엑셀 파일이 나타났다 사라졌다 반복하며 파일이 생성된다. 작업이 모두 끝나고 해당 폴더를 열면 생성된 파일을 확인할 수 있다.

이름	수정한 날짜	유형	크기
서울강남지점.xlsx	2023-02-26 일 오전 11:50	Microsoft Excel 워크...	12KB
서울강북지점.xlsx	2023-02-26 일 오전 11:50	Microsoft Excel 워크...	12KB
영업사원코드.xlsx	2023-02-26 일 오전 11:50	Microsoft Excel 워크...	11KB
중구지점.xlsx	2023-02-26 일 오전 11:50	Microsoft Excel 워크...	11KB
통합시트.xlsx	2023-02-26 일 오전 11:50	Microsoft Excel 워크...	13KB
해운대지점.xlsx	2023-02-26 일 오전 11:50	Microsoft Excel 워크...	11KB
화성지점.xlsx	2023-02-26 일 오전 11:50	Microsoft Excel 워크...	11KB

« 디지털역량연구소 › 01.책쓰기 › 12.챗GPT오피스업무자동화 › 실습 › 엑셀예제_지점별엑셀파일만들기결과

TIP

VBA는 개인 PC의 파일을 얼마든지 다룰 수 있다. 따라서 이런 매크로를 포함하여 파일을 저장하면 다른 사람의 PC 파일을 손상시킬 수 있는 등 예상치 못한 문제가 생길 수 있다. VBA와 매크로를 아주 잘 다루는 사람이면 모르겠지만, 단순히 자동화 좀 해보려다 큰 사고 가 날 수 있다.

하지만 엑셀도 이러한 문제를 잘 알기 때문에 매크로를 제외하고 저장할 수 있게 다음과 같 이 경고를 해준다. 저장할 때는 가능한 한 매크로 제외한 통합 문서로 저장하자.

Microsoft Excel ✕

다음 기능은 매크로 제외 통합 문서에 저장할 수 없습니다.

• VB 프로젝트

이러한 기능이 포함된 파일을 저장하려면 [아니요]를 클릭한 다음 [파일 형식] 목록에서 매크로 사용 파일 형식을 선택하십시오.

매크로 제외 통합 문서로 계속 저장하려면 [예]를 클릭하십시오.

예(Y)   아니요(N)   도움말(H)

엑셀에서 VBA를 실행했다고 해서 엑셀 파일만 다루는 것은 아니다. 이미지 파일이나 한글 파일도 얼마든지 다룰 수 있다. 물론 파일 자체의 이름을 바꾸는 것도 가능하다.

- 특정 폴더에 있는 파일 이름 앞에 '20230501'을 추가하는 VBA 코드를 알려줘.

- 'C:....' 폴더에 있는 모든 파일 이름 앞에 일련번호를 붙이는 VBA 코드를 알려줘.

- A 폴더에 있는 파일 중에 파일 이름에 '김철수'가 들어간 파일을 B 폴더로 옮기는 VBA 코드를 알려줘.

4

ChatGPT로
구글 시트 자동화하기
– 엉망인 설문 결과 바로잡기

17

구글 시트도
자동화할 수 있다고?

오피스 전문가로 소문난 김 주임

모처럼 잠이 일찍 깨서 1시간이나 일찍 출근한 김 주임. 사무실 1층 카페에서 아이스 아메리카노를 사려고 줄을 섰다. 그런데 갑자기 뒤에서 이번에 새로 만들어진 온라인교육팀 박 대리가 불렀다.

"어, 김 주임님. 안녕하세요. 오늘도 아아?"

"네, 안녕하세요. 박 대리님. 웬일로 이렇게 일찍 나오셨어요?"

"아이고, 말도 마세요. 팀에서 처음으로 고객을 대상으로 강좌를 하나 열었는데, 신청을 구글 설문으로 받았어요. 그런데 설문을 잘못 만들어서 전화번호며 이메일이며 추천자며 다 뒤섞이고 형식도 안 맞아서 난리 났어요. 오늘 오전에 전부 다 고쳐야 해요."

"그런 건 설문지만 잘 만들면 되지 않나요?"

"그걸 누가 알았나요? 다들 설문지는 대충 만들잖아요. 고객이 그렇게 마구잡이로 입력할 줄 몰랐죠."

"고생 좀 하시겠네요."

"그러게 말이에요. 에휴…"

박 대리는 땅이 꺼져라 한숨을 쉬었다. 그때 갑자기 박 대리 머릿속에서 지난주에 팀장이 주간 회의 끝에 했던 말이 생각났다.

"마케팅팀 김 주임이 오피스를 그렇게 잘 다룬다더라. 우리도 오피스 좀 공부해야지?"

그렇다면 김 주임에게 한번 물어볼까? 부탁해 볼까?

"김 주임님. 혹시, 잠깐 시간 되시면 제 설문 결과 좀 봐주실 수 있어요? 김 주임님이 요즘 오피스 툴을 잘 다룬다고 소문이 났더라고요."

"네? 아니… 제가 그다지…"

그때 김 주임 앞에서 계산하던 사람이 계산을 끝내고 김 주임 차례가 되었다. 이때 박 대리가 재빨리 카드를 꺼내서 점원에게 주며 말했다.

"김 주임님. 제가 커피 살게요. 저 좀 도와주세요. 일단 제 문제만 좀 들어주세요.."

"하하, 네. 그러죠, 뭐."

김 주임은 못 이기는 척하고 도와주기로 했다. 두 사람은 사무실로 올라가 박 대리 자리에 앉았다. 박 대리는 노트북을 열고 구글 스프레드시트로 들어가서 설문 결과를 열었다.

엉망진창 설문 결과 시트

"엥! 데이터가 다 왜 이래요? 휴대폰 번호 형식은 제각각이고, 이메일 주소에는 왜 한글이? 추천자 정보도 뒤죽박죽이고, 신청 강좌는 이렇게 붙이면 안 되고 열로 분리해서 정리해야 하는데…"

김 주임은 화면을 보자마자 깜짝 놀라며 말했다. 박 주임은 머리를 쥐어뜯었다.

"그러니까 제가 미치겠어요. 우체국에서 교재도 보내야 하는데, 주소만 받고, 우편번호는 빠뜨려서 우편번호도 다 찾아야 해요. 이거 천 줄이 넘는데 오늘 하루 종일 해도 못 끝낼 것 같다니까요. 어떻게 방법이 없을까요?"

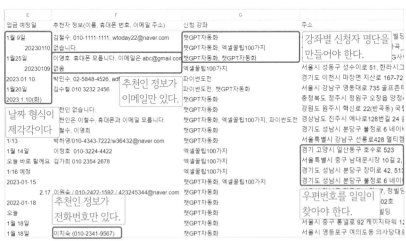

"우선, 이 데이터를 엑셀로 바꿔서 보내 주세요. 제가 VBA로 한번 해 볼 게요."

"엑셀이요? 제가 엑셀을 안 써요. 저희 팀부터 구글 워크스페이스를 사용하기로 했거든요. 그래서 구글 스프레드시트 안에서 해결해야 해요."

"네? 구글 스프레드시트요?"

"네, 구글에서 제공하는 온라인 스프레드시트 프로그램이요. 구글 계정만 있으면 무료로 쓸 수 있어요. 엑셀이랑 거의 비슷한데, 동시에 여러 사람이 작업할 수 있고, 클라우드 기반이라 데이터 관리나 공유가 자유롭죠. 주소는 https://docs.google.com/spreadsheets이고요."

엑셀 말고 구글 시트에서도 자동화할 수 있을까?

김 주임은 깜짝 놀랐다. 안 그래도 최근에 엑셀 대신 구글 워크스페이스를 사용하는 회사가 늘었다는데, 우리 회사도 검토 중인가 보다. 그런데 김 주임은 구글 스프레드시트에서 VBA를 사용할 수 있는지 전혀 모른다. 아니, 아마 못 쓰는 게 분명하다. 한 번도 구글 시트에서 VBA 같은 걸 본 적이 없다.

일단 이건 최 대리에게 물어보는 게 빠르다.

"박 대리님. 제가 지금은 이걸 못 하고요. 일단 저한테 구글 시트를 공유해 주세요. 오늘 좀 보고, 제가 다시 연락드리면 어떨까요?"

"아이고, 그렇게라도 해 주시면 고맙죠."

김 주임은 박 대리와 헤어지고 자리로 돌아왔다. 곧바로 최 대리에게 문자를 보냈다.

"최 대리, 지난번에 가르쳐 준 ChatGPT로 요즘 내가 오피스 잘한다고 소문이 났어. 그런데 구글 시트에서는 VBA를 어떻게 써?"

5분쯤 지나서 바로 전화가 왔다. 최 대리였다.

"나 또 여기 출장 나왔어. 바로 아래층에 있으니까 점심때쯤 올라갈게."

호랑이도 제 말 하면 온다더니, 최 대리가 딱 호랑이 감이다. 점심쯤 되니 최 대리가 김 주임 자리로 왔다. 둘은 회의실로 들어갔다. 최 대리가 의자에 앉자마자 말했다.

"구글에도 VBA랑 비슷한 게 있어. 앱스 스크립트라고, 영어로 Google Apps Script인데 줄여서 GAS라고 해."

"가스?"

"응. 가스."

"그런 게 있었어? 나 구글 시트도 구글 독스도 가끔 쓰는데, 가스는 처음 듣는데?"

"다들 잘 몰라. 어쨌든 GAS를 쓰면 VBA로 엑셀에서 했던 걸 구글 시트에서도 그대로 할 수 있지. 물론 언어가 조금 다르긴 한데, VBA 코드를 볼 줄 알면 앱스 스크립트도 금방 익숙해질 거야. 내가 알려줄게."

김 주임은 박 대리가 공유해 준 구글 시트를 열고, 박 대리에게 들은 대로 최 대리에게 설명했다.

최 대리는 데이터를 찬찬히 살펴보며 종이에 문제점을 기록했다.

① 휴대폰 번호: 형식이 일치하지 않고 잘못된 번호가 있다. ⇒ 휴대폰 번호 형식 통일

② 이메일 주소: 오타가 있고 불필요한 문자가 있다. ⇒ 이메일만 추출

③ 입금 예정일: 날짜 형식이 제각각이고, '오늘'과 같은 표현도 있다. ⇒ 날짜 형식 통일

④ 추천자 정보(이름, 휴대폰 번호, 이메일 주소): 추천자가 없거나 없다는 말만 썼거나 휴대폰 번호만 있거나 이메일만 있다. ⇒ 이름, 휴대폰 번호, 이메일 추출

⑤ 신청 강좌: 강좌명이 1개 이상 있다. ⇒ 강좌명을 열로 분리

⑥ 주소: 우체국 택배로 교재를 보내야 하는데, 우편번호가 없다. ⇒ 주소로 우편번호 찾기

"그렇게 어렵지 않네. 내가 말하는 대로 한번 해봐. 그러면 이런 결과가 나올 거야."

최 대리는 종이에 기존 상태와 변경된 사항을 표로 정리해 보여주었다.

구분	기존	변경
휴대폰 번호	1088881111	010-8888-1111
이메일 주소	이메일: na37@naver.com	na37@naver.com
입금일	1월25일	2023-01-25
추천자	이영호, 휴대폰 모릅니다. 이메일은 abc@gmail.com	abc@gmail.com
신청 강좌	김철수: 챗GPT자동화, 엑셀꿀팁100가지	챗GPT자동화: 김철수, 송재호, 이지아…(21명)
주소	서울시 중구 다산로 11길 19	우편번호: 04598

김 주임과 함께 최 대리가 하는 얘기를 들으며, 우리도 직접 해보자. 공유한 예제 폴더에서 "구글 시트 자동화 예제"를 찾거나, 다음 URL로 접속해서 예제 사본을 만들고, 따라 해 보자. 사본을 만들 때는 [파일] 메뉴에서 [사본 만들기]를 선택하면 된다. 예제를 따라하며 구글 앱스 스크립트를 사용하는 방법도 자연스럽게 배워보자.

https://bit.ly/chatgpt-example

18

휴대폰 번호 형식 통일하기

휴대폰 번호가 이상하다

휴대폰 번호 형식이 제각각일 때 형식을 통일하는 자동화 방법은 여러 가지가 있다. 휴대폰 번호가 몇백 개 안 되면 ChatGPT에게 바꿔 달라고 요청하는 게 편하다. 물론 브라우저에 개인정보를 올리는 것이 문제가 될 수 있다. ChatGPT가 전화번호를 저장하지는 않지만, 그래도 민감한 문제다. 사실 네이버 검색창에 휴대폰 번호를 검색하는 것과 비슷하지만, 네이버 검색창에는 그래도 휴대폰 번호 1개만 올린다. ChatGPT에겐 휴대폰 번호를 대량으로 입력하는 것이므로 개인 정보 보호법 위반인지 확실히 검토하고 사용하자. 010을 019 같은 다른 번호로 바꿔서 올리는 방법도 있지만, 어쨌든 천 개 이상 넘어가면 구글 앱스 스크립트를 쓰는 것이 좋다. 두 가지 방법을 각각 알아보자.

우선 ChatGPT만 이용하는 방법을 보자. ChatGPT에게 휴대폰 번호 형식을 통일해 달라고 요청하는 것이다.

다음은 휴대폰 번호다. 10으로 시작하는 번호에는 앞에 0을 붙여줘. 모든 번호의 형식을 010-0000-0000 같은 형식으로 통일해서 다시 써 줘. 앞에 번호를 붙여줘

010-5432-9876

1088881111

010-33337777

010-2468-1357.

010 9876 5432-

010-7777-5555

1011112222

…

 010-5432-9876

010-8888-1111

010-3333-7777

010-2468-1357

010-9876-5432

010-7777-5555

010-1111-2222

…

그런데 문제가 있다. ChatGPT에게 요청할 때는 휴대폰 번호를 1천 개도 입력할 수 있다. 하지만 ChatGPT가 대답할 때는 한 번에 대답할 수 있는 분량이 제한돼 있다. 그것도 일정하게 50개, 100개, 200개처럼 고정된 것이 아니라, 때에 따라 80개, 21개, 16개 등 다양하게 제공된다. 게다가 휴대폰 번호 뒷자리를 몇 자 놔두고 멈추는 경우도 있다. 물론 "계속 써 줘"라고 하면 계속 써 준다. 휴대폰 번호가 몇백 개 이내면 ChatGPT에게 요청하는 것이 훨씬 빠르고, 그 이상이면 구글 앱스 스크립트를 사용하는 게 낫다.

구글 앱스 스크립트를 써 보자

구글 앱스 스크립트로 휴대폰 번호를 통일해 보자. 먼저 데이터 형식을 확인해야 한다. 휴대폰 번호에 빈칸이나 대시(−)를 포함하지 않고 숫자만 적으면 숫자 형식이 되어 앞자리 0이 사라진다.

- 1088881111

- 1011112222

이런 숫자는 데이터 형식을 바꿔도 앞자리 숫자 0이 다시 살아나지 않는다. 이를 구글 앱스 스크립트로 바꿔 보자. 예제 파일에서 C 열에 있는 휴대폰 번호를 D 열에 그대로 복사하자. 구글 앱스 스크립트가 제대로 적용됐는지 확인하기 위해 C 열은 그대로 두고, D 열만 수정해 보자.

C	D
휴대폰 번호	휴대폰 번호(수정)
010-5432-9876	010-5432-9876
1088881111	1088881111
010-33337777	010-33337777
010-2468-1357.	010-2468-1357.
010 9876 5432-	010 9876 5432-
010-7777-5555	010-7777-5555
1011112222	1011112222
010-4444-8888	010-4444-8888
010-1234-5678	010-1234-5678
010/8765/4321	010/8765/4321
010-2596-8741	010-2596-8741
010-4567-1234	010-4567-1234
010-6969-6969	010-6969-6969
010-9999-8888	010-9999-8888
010-777-2222	010-777-2222
010-2345-678	010-2345-678
010-268-3690	010-268-3690
010-1987-653	010-1987-653
010-9191-9191	010-9191-9191

ChatGPT에 다음과 같이 요청한다.

 구글 시트 D열에 휴대폰 번호가 있다. '10'으로 시작하는 셀을 찾아서 앞에 '0'을 붙이는 앱스 스크립트를 짜 줘

```
function addLeadingZero() { //①
    var sheet = SpreadsheetApp.getActiveSpreadsheet().
getActiveSheet(); //②
    var data = sheet.getRange("D1:D" + sheet.getLastRow()).
getValues(); //③
    for (var i = 0; i < data.length; i++) { //④
        var cellValue = data[i][0]; //⑤
        if (typeof cellValue === "string" && cellValue.indexOf("10")
=== 0) { //⑥
            sheet.getRange(i + 1, 4).setValue("0" + cellValue); //⑦
        }
    }
}
```

여기서 잠깐! 앱스 스크립트는 생각보다 쉬운 프로그래밍 언어다. 물론 직접 코딩할 수 있는 수준이 되려면 몇 개월은 배워야 한다. 하지만 코드는 ChatGPT가 다 작성해 주므로 우리는 작성된 코드를 이해하고, 상황에 맞게 살짝 바꿀 수만 있으면 된다. 앱스 스크립트는 처음이므로 이 장에서는 가장 기본적이면서도 자주 사용되는 코드를 한 줄씩 살펴보자. 이미 코딩을 조금 배웠다면 코드 설명은 건너뛰어도 좋다.

코드를 살펴보자

다음은 함수를 선언하는 코드다①.

```
function addLeadingZero() {
    ...
}
```

구글 앱스 스크립트는 함수(function) 단위로 실행된다. ChatGPT 가 함수 이름을 addLeadingZero로 적절하게 만들어줬다. 함수는 시트에서 =addLeadingZero와 같은 형식으로 쓸 수 있다. 스프레드시트에서 =sum, =average 같은 함수를 사용하는 것과 같은 원리다. =sum과 =average도 앱스 스크립트에 미리 작성된 코드를 우리가 사용만 하는 것이다. 함수 사용법은 다음과 같다. 함수를 실행하거나 시트에서 =함수명을 사용하면 괄호 안에 있는 내용이 실행된다.

```
function 함수명() {
    여기에 적힌 내용이 실행된다.
}
```

시트에서 =sum(A2, B2)과 같이 함수를 쓸 때가 있다. 이때 A2와 B2의 값을 함수로 전달한다. 앱스 스크립트에서는 다음과 같은 방식으로 표현한다.

```
function 함수명(value1, value2){
    return value1 + value2
}
```

이제 함수 안에 있는 코드를 보자②.

다음 코드는 현재 활성화된 시트(ActiveSpreadsheet)를 찾아 sheet라는 이름의 변수에 저장한다.

```
var sheet = SpreadsheetApp.getActiveSpreadsheet().getActiveSheet();
```

현재 활성화된 시트를 sheet라는 변수에 저장함으로써 이후에 나오는 코드에서는 sheet라는 단어만 쓰면 된다. 불필요하게 SpreadsheetApp.getActiveSpreadsheet().getActiveSheet()를 다 쓸 필요가 없다. 물론 변수 이름은 sheet 대신 mySheet, sheet1, dataSheet 등 원하는 이름으로 바꿔도 된다. 맨 앞에 있는 var는 변수(variable)를 의미한다. 변수는 다음과 같이 여러 방식으로 지정할 수 있다.

```
var myNumber = 1;
var yourNumber = 2;
var ourNumber = myNumber + ourNumber; // 결과는 3
var myName = "김철수";
var yourName = "이영희";
var ourName = myName + yourName // 결과는 "김철수이영희"
```

구글 앱스 스크립트는 특정 시트에서만 작동하는 것이 아니라 원하는 시트를 지정할 수 있다. 따로 시트를 지정하지 않으면 현재 브라우저에 열려 있는 시트가 대상이 된다.

다음 코드는 시트에서 D 열의 내용을 data라는 이름의 변수에 넣는 코드다③.

```
var data = sheet.getRange("D1:D" + sheet.getLastRow()).getValues();
```

"D1:D"는 D 열에 있는 모든 내용을 뜻한다. 만약 100번째 행까지만 수정하고 싶다면 "D1:D100"으로 수정하면 된다.

변수 뒤에 점(.)을 찍으면 해당 변수에서 사용할 수 있는 작업(=내장 함수)이 나타나는데, 이는 미리 만들어 놓은 함수를 사용하는 것이다. 예를 들어, 앞서 살펴본 코드처럼 sheet 변수에 시트를 담고, sheet 다음에 점을 찍으면 앱스 스크립트 편집기에서 사용할 수 있는 내장 함수 목록이 나타난다. 다양한 기능을 제공하는 내장 함수를 사용해 시트에서 내용을 추출하거나 새로운 행과 열을 추가할 수 있다.

다음 코드는 특정 내용을 반복해서 실행하는 코드다④.

```
for (var i = 0; i < data.length; i++) {
    ...
}
```

for는 (괄호) 안에 있는 조건만큼 {내용}을 반복해서 실행하는 명령어다. i는 임의의 숫자를 담는 변수로, 먼저 i에 0을 넣은 다음 앞에서 가져온 행의 개수만큼 반복한다.

```
for (조건) {
    조건이 참일 때 반복할 내용
}
```

```
for (var i = 0; i < 1; i++){
```

　　i 변수에 0을 넣었고(i = 0), i가 1보다 작을 때까지(i < 1) 반복한다. 한 번 반복이
끝나면 i의 값을 1씩 증가(1++)시키므로 i가 0일 때 1회 반복한다.

```
}
```

```
for (var i = 0; i < 2; i++){
```

　　i가 0일 때 한 번 반복, i가 1일 때 한 번 반복, 총 2회 반복한다.

```
}
```

다음 코드는 특정 셀의 값을 가져와서 cellValue 변수에 담는 코드다⑤.

```
var cellValue = data[i][0];
```

data 변수는 행과 열의 번호를 사용하여 데이터를 일종의 표처럼 배열 형태로 저장한다. 예를 들어, 시트에서 모든 데이터를 가져와서 data 변수에 담았다면, data[0][0]은 시트에서 1행 1열의 데이터를 의미한다. data[1][2]는 시트에서 2행 3열의 데이터를 뜻한다.

위 코드는 data 변수에서 첫 번째(=숫자 0) 열의 값을 읽어서 cellValue 변수에 저장한다. data 변수에는 시트의 D 열 값만 들어 있으므로 열이 하나밖에 없다. 변수에서 숫자 0은 첫 번째 열을 의미한다. 1은 두 번째 열, 2는 세 번째 열이다.

다음 코드는 엑셀의 IF 함수와 비슷한 조건문이다⑥.

```
if (typeof cellValue === "string" && cellValue.indexOf("10") === 0) {
    ...
}
```

`cellValue`, 즉 휴대폰 번호가 있는 셀의 유형이 문자열(string, 일반 텍스트)이고, "10"으로 시작하면 {대괄호} 안의 내용을 실행하라는 뜻이다.

마지막 코드는 시트의 특정 셀에 데이터를 입력하는 코드다⑦.

```
sheet.getRange(i + 1, 4).setValue("0" + cellValue);
```

수정한 휴대폰 번호를 원래 구글 시트(sheet)의 D 열에 작성한다. D 열은 A 열부터 네 번째에 위치한다. 그래서 숫자 4를 사용한다. A는 1, B는 2, C는 3, D는 4다.

여기서 주의할 점이 있다. 앞서 data[0][0]에서 살펴본 것처럼 변수에 데이터를 배열(표) 형태로 저장할 때는 숫자 0으로 시작한다. 예를 들어 구글 시트에서 getRange 함수를 이용해 A1부터 B10까지의 범위를 data란 이름의 변수에 저장하면, A1 셀의 내용은 data[0][0]에 저장되고 B10 셀의 내용은 data[9][1]에 저장된다.

코드를 대강 눈에 익혔으니, 코드를 직접 작성할 수는 없더라도 대략 이해하며 보자. 앞으로 거의 모든 코드는 ChatGPT가 작성해 주지만, 데이터 범위나 시트 번호 정도는 직접 수정해야 할 때도 있다. 또, 작동이 제대로 되지 않으면 일부 코드를 변경해야 할 때도 있다. 개발자만큼은 모르더라도 어디가 잘못된 것 같다는 느낌은 와야 한다.

앱스 스크립트 실행하기

이제 코드를 코드 창에 붙여넣고 실행해 보자.

먼저 구글 앱스 스크립트의 편집기를 열자. 상단 메뉴에서 **[확장 프로그램]** – **[Apps Script]**를 클릭한다.

새 탭이 열리면서 앱스 스크립트 편집기 화면이 나타난다.

왼쪽에는 사이드 메뉴가 있고, 오른쪽에는 코드를 입력하는 영역이 있다. 코드 영역에는 예시로 myFunction이라는 함수가 만들어져 있다. 물론 내용이 비어 있어서 직접 채워야 한다. 기존 내용을 지우고, 앞에서 ChatGPT가 알려 준 코드를 붙여넣자.

이 상태에서 [▷ 실행] 버튼을 눌러 실행하면 보안 문제 때문에 실행되지 않는다. 따라서 실행하기 전에 배포 과정을 거쳐야 한다. 오른쪽 위 [배포]를 누르면 나오는 것과 같은 과정이다. 스크립트는 각 시트마다 실행되므로 시트마다 배포 과정을 거쳐야 한다. 프로그래밍은 보안이 가장 중요하기 때문이다.

오른쪽 위 [배포] 버튼을 누르고, 팝업 메뉴에서 [새 배포]를 클릭한다.

여러 대화 상자가 이어지
는데, 승인이 필요하다고 하
면 [권한 검토]를 클릭한다.

계정을 선택하라고 하면 적절
한 계정을 선택한다.

갑자기 경고 아이콘이 나오지만, 당황하지 말고 왼쪽 아래에 있는 [고급]을
클릭한다.

고급 설정이 나타나면 [제목 없는 프로젝트(으)로 이동(안전하지 않음)]
링크를 부담 없이 클릭하자.

계속 뭔가 겁주는 것 같지만 [허용]을 클릭한다.

새 배포 창이 나오면 유형선택 오른쪽에 [**설정**] 아이콘을 누르고 [**웹앱**]을 선택한다.

대강 설명을 적고 [**배포**]를 클릭한다.

배포에 성공하면 완료 메시지가 나온다. [**완료**] 버튼을 누르자.

이제 [▷ **실행**] 버튼을 클릭하면 스크립트를 실행할 수 있다.

코드 아래에 실행 로그(내역)가 나타나고, 실행이 완료됐다고 나오면 오류 없이 실행한 것이다. 결과도 보자. D 열의 두 번째 행과 여덟 번째 행을 보면, 앞에 숫자 0이 추가된 것을 확인할 수 있다.

휴대폰 번호 형식도 통일하자

이제 휴대폰 번호 형식을 통일해 보자. 그런데 데이터를 보면 이상한 문자가 붙어 있다. 점이 있기도 하고 뜬금없이 대시도 붙어있다. 이런 불필요한 문자를 없애면서 동시에 형식을 통일해 보자.

- 010-2468-1357.

- 010 9876 5432-

먼저 새로운 스크립트를 추가하자. [**파일**] 오른쪽에 있는 [+] 버튼을 누른 다음 [**스크립트**]를 선택한다.

그러면 방금 전에 사용한 Code.gs 밑에 빈칸이 생긴다. 여기에 띄어쓰기 없이 '휴대폰번호형식통일' 같은 적당한 이름을 적는다.

'휴대폰번호형식통일.gs'라는 스크립트 파일이 생성되고, 오른쪽에 코드를 새로 입력할 수 있는 스크립트 창이 생긴다.

Apps Script　제목 없는 프로젝트

파일	A̲Z̲ ＋ ↺ ↻ 🔲 ▷ 실행 🗓 디버그 myFunction ▼ 실행 로그
Code.gs	
휴대폰번호형식통일.gs	
라이브러리　＋	
서비스　＋	

```
1   function myFunction() {
2       |
3   }
4
```

이제 ChatGPT에게 휴대폰 번호를 통일하는 코드를 달라고 하자.

구글 시트 D열에 휴대폰 번호가 있다. 그런데 형식이 제각각이다. 형식을 통일하는 앱
스 스크립트를 짜 줘

```
function formatPhoneNumbers() {
    var sheet = SpreadsheetApp.getActiveSheet();
    var range = sheet.getRange("D:D");
    var values = range.getValues();
    for (var i = 0; i < values.length; i++) {
        var phoneNumber = values[i][0];
        if (phoneNumber) {
            phoneNumber = phoneNumber.toString().replace(/[^0-9]/
g, '');
            if (phoneNumber.length === 10) {
                phoneNumber = phoneNumber.replace(/(\d{3})(\d{3})
(\d{4})/, '$1-$2-$3');
            } else if (phoneNumber.length === 11) {
                phoneNumber = phoneNumber.replace(/(\d{3})(\d{4})
(\d{4})/, '$1-$2-$3');
            } else {
                phoneNumber = '';
            }
```

```
            values[i][0] = phoneNumber;
        }
    }
    range.setValues(values);
}
```

해당 함수가 삭제되었습니다?

코드를 붙여넣고 실행하자. 그런데 다음과 같이 "myFunction 함수를 실행하려 했으나 해당 함수가 삭제되었습니다."라는 오류 메시지가 나오고 실행이 안 된다. 이는 처음에 myFunction 함수가 디폴트로 선택되어 있기 때문이다. 일단 오류 메시지는 무시하고 다시 실행하자.

다시 실행하면 정상적으로 작동하는 것을 확인할 수 있다.

시트를 확인하면 휴대폰 번호 형식이 제대로 통일된 것을 볼 수 있다.

	B	C	D
1	이름	휴대폰 번호	
2	김유진	010-5432-9876	010-5432-9876
3	송재호	1088881111	010-8888-1111
4	이지아	010-33337777	010-3333-7777
5	박예진	010-2468-1357	010-2468-1357
6	장성우	010 9876 5432-	010-9876-5432
7	한승민	010-7777-5555	010-7777-5555
8	김태연	1011112222	010-1111-2222
9	윤혜진	010-4444-8888	010-4444-8888
10	류승현	010-1234-5678	010-1234-5678
11	임하늘	010/8765/4321	010-8765-4321

구글 앱스 스크립트도 VBA랑 비슷하다

앞에서 봤던 코드는 빼고 나머지 코드를 간단히 살펴보자.

```
var sheet = SpreadsheetApp.getActiveSheet();
```

위 코드는 현재 활성화된 시트를 가져온다. 그런데 앞에서 살펴본 코드와 살짝 다르다. 앞에서 봤던 코드는 다음과 같이 중간에 getActiveSpreadsheet()가 포함돼 있다.

```
var sheet = SpreadsheetApp.getActiveSpreadsheet().getActiveSheet();
```

getActiveSpreadsheet()는 구글 스프레드시트 탭 자체를 가져온다. 브라우저에 구글 스프레드시트 탭이 여러 개 있을 때 현재 활성화된(=선택된) 탭을 가져온다. 그런데 스프레드시트 안에 여러 개의 시트가 있을 수 있다. 시트1, 시트2, 시트3 등 여러 시트가 있을 때 지금 화면에 보이는 시트가 활성화된 것이므로 해당 시트를 가져온다. 일반적으로 스프레드시트 하나를 열어서 사용할 때는 별 차이가 없다.

```
var phoneNumber = values[i][0];
if (phoneNumber) {
    phoneNumber = phoneNumber.toString().replace(/[^0-9]/g, '');
}
```

D 열의 값을 phoneNumber 변수에 넣었다. 만약 phoneNumber가 있다면, 즉, 해당 셀의 값이 비어 있지 않다면 괄호 안의 명령을 실행하라는 말이다. 간혹 셀에 빈칸이 있을 때 이 코드가 없으면 오류가 생길 수 있다. 괄호 안의 내용은 셀의 값을 일반 텍스트로 바꾼 다음에 숫자를 제외한 나머지 문자는 모두 없애라는 뜻이다. 예를 들면 다음과 같이 바뀐다.

- 010-2468-1357. → 01024681357

- 010 9876 5432- → 01098765432

```
if (phoneNumber.length === 10) {
  phoneNumber = phoneNumber.replace(/(\d{3})(\d{3})(\d{4})/, '$1-$2-$3');
} else if (phoneNumber.length === 11) {
  phoneNumber = phoneNumber.replace(/(\d{3})(\d{4})(\d{4})/, '$1-$2-$3');
```

이 코드는 방금 수정한 값의 길이가 10자리이면 000-000-0000로 바꾸고, 11자리이면 000-0000-0000으로 바꾸라는 내용이다.

코드가 복잡하게 느껴질 때가 있다. 하지만 VBA와 비교해 보면 비슷한 부분도 많다. 코드가 실행되지 않고, 어디가 잘못됐는지 모를 때도 있겠지만 이때는 처음으로 돌아가서 하나의 문제에 하나의 코드를 요청하는 질문으로 다시 ChatGPT에게 물어보자.

예를 들어, 숫자와 대시를 제외한 문자를 모두 없애는 코드를 요청하고 실행한 다음, 형식을 통일하는 코드를 요청하고 실행한다. 이렇게 하나의 문제에 하나의 코드를 실행하면 오류를 최소화할 수 있다.

19

이메일만 추출하기

이메일에 이상한 글자가 잔뜩 있다

이번에는 이메일 주소에서 형식이 올바른 이메일만 추출해 보자. 휴대폰 번호와 마찬가지로 이메일 주소가 많지 않다면 ChatGPT에게 직접 추출해 달라고 하면 된다.

 다음에서 이메일을 추출해 줘

cindyleㄹe82@gmail.com

johndoe25@야후닷컴

이메일: nnasmith37@naver.com

davidkim99@흐먀ㅣ.채ㅡ

lisajohnson64@@kakao.com

brianpark21@naver.com

sarahchoi87@gmail.com

mikedavis55@네이버입니다

ericlee11@gmail.com

이메일: sallykim88@yahoo

kevinbaek77@naver.com

janedoe86@gmail.com입니다

1. cindyleㄹe82@gmail.com
2. johndoe25@야후닷컴
3. nnasmith37@naver.com
4. davidkim99@흐먀ㅣ.채—
5. brianpark21@naver.com
6. sarahchoi87@gmail.com
7. mikedavis55@네ㅣ이버입니다
8. ericlee11@gmail.com
9. sallykim88@yahoo
10. kevinbaek77@naver.com
11. janedoe86@gmail.com

그런데 뭔가 이상하다. 1번은 한글 오타 'ㄹ'이 여전히 들어있다. 2번은 '야 후닷컴'이라는 한글 도메인 이름이 들어 있고, 3번 '흐먀ㅣ.채_'는 gmail. com을 한타로 놓고 친 것인데 그대로 들어가 있다. 7번 '네이버입니다'도 마 찬가지다. 게다가 'lisajohnson64@@kakao.com'은 @이 두 번 들어갔다는 이유로 아예 결과로 나오지 않는다. 12개를 줬더니 결과가 11개만 나왔다.

ChatGPT에게 이메일을 추출해 달라고 하면 이럴 때가 있다. 정확하게 이 메일을 추출해야 한다면 정확한 이메일을 추출해 달라고 요청해야 한다.

다음에서 정확한 이메일만 추출해 줘

...

다음은 정확한 이메일 주소만 추출한 것입니다:

1. cindylee82@gmail.com
2. nnasmith37@naver.com
3. brianpark21@naver.com
4. sarahchoi87@gmail.com
5. ericlee11@gmail.com

```
6. kevinbaek77@naver.com
7. janedoe86@gmail.com
```

한글 오타를 어떻게 해결해야 할까?

그런데 여기서도 문제가 있다. 한글이 들어 있거나 오타가 난 이메일 주소는 모두 제외되었다.

1. cindyle ㄹe82@gmail.com

2. johndoe25@야후닷컴

3. davidkim99@흐먀ㅣ.채ㅡ

4. lisajohnson64@@kakao.com

5. mikedavis55@네이버입니다

6. 이메일: sallykim88@yahoo

이렇게 보면 ChatGPT가 오탈자가 있거나 한글로 잘못 쓰인 이메일 주소는 찾기 어렵다고 생각할지 모른다. 물론 ChatGPT에게 대뜸 물어보면 그렇다. 만약 ChatGPT를 학습시키면 기본적인 한글 처리는 가능하다.

ChatGPT를 학습시키는 방법은 간단하다. 예를 들어서 알려주면 된다. 다음과 같이 먼저 학습을 시키자.

 다음은 잘못된 이메일 주소를 바로잡은 경우다.

johndoe25@야후닷컴 -> johndoe25@yahoo.com

이메일: nnasmith37@naver.com -> nnasmith37@naver.com

davidkim99@흐먀ㅣ.채ㅡ -> davidkim99@gmail.com

lisajohnson64@@kakao.com -> lisajohnson64@kakao.com

mikedavis55@네이버입니다 ->mikedavis55@naver.com

이메일: sallykim88@yahoo -> sallykim88@yahoo.com

janedoe86@gmail.com입니다 -> janedoe86@gmail.com

 감사합니다. 이메일 주소를 바로잡아주시는 데 도움을 드릴 수 있어 기쁩니다.

 다음 이메일도 바로 잡아줘

fdaf@@abc.com

dfbaid@네이버닷컴

fddsaf@카카오

fdfsd@naver

abc@야후입니다

dfdsfa@흐먀ㅣ.채ㅡ

fdaffdf@ㅜㅁㅍㄷㄱ.채ㅡ

fadafds@ㅛ꽤ㅐ.채ㅡ

 네, 각각의 이메일 주소를 확인하고 올바른 형식으로 바로잡아보았습니다.

일련번호	원래 이메일 주소	바뀐 이메일 주소
1	fdaf@@abc.com	(올바른 이메일 주소가 아님)
2	dfbaid@네이버닷컴	dfbaid@naver.com
3	fddsaf@카카오	fddsaf@kakao.com
4	fdfsd@naver	fdfsd@naver.com
5	abc@야후입니다	abc@yahoo.com
6	dfdsfa@흐먀ㅣ.채ㅡ	(올바른 이메일 주소가 아님)
7	fdaffdf@ㅜㅁㅍㄷㄱ.채ㅡ	(올바른 이메일 주소가 아님)
8	fadafds@ㅛ꽤ㅐ.채ㅡ	(올바른 이메일 주소가 아님)

네이버나 야후, 카카오같이 유명한 웹메일 서비스는 알아서 메일 도메인으로 바꿔 준다. 그런데 한타로 두고 영어로 입력한 것은 정확히 바뀌지 않는 것을 볼 수 있다. 가끔 ChatGPT가 수정해 주기도 하지만, 이랬다 저랬다 하므로 ChatGPT에게 요청하기 전에 미리 바꾸기를 수행하는 것도 좋은 방법이다.

예를 들어, '@@'는 '@'로 바꾸고, '네이버'는 'naver.com'으로, '흐먀ㅣ'은 'gmail'로, '채ㅡ'는 'com'으로 바꾸는 것이다. 모두 바꾸기를 해서 한글을 영어로 어느 정도 정리한 다음 앱스 스크립트에서 이메일 주소만 남기면 된다.

E ▾	F
이메일 주소	이메일 주소(수정)
cindyleㄹe82@gmail.com	cindyleㄹe82@gmail.com
johndoe25@야후닷컴	johndoe25@yahoo.com닷컴
이메일: nnasmith37@naver.com	이메일: nnasmith37@naver.com
davidkim99@흐먀.채ㅡ	davidkim99@gmail.com
lisajohnson64@@kakao.com	lisajohnson64@kakao.com
brianpark21@naver.com	brianpark21@naver.com
sarahchoi87@gmail.com	sarahchoi87@gmail.com
mikedavis55@네이버입니다	mikedavis55@naver.com입니다
ericlee11@gmail.com	ericlee11@gmail.com
이메일: sallykim88@yahoo	이메일: sallykim88@yahoo
kevinbaek77@naver.com	kevinbaek77@naver.com
janedoe86@gmail.com입니다.	janedoe86@gmail.com입니다.
jasonlee47@kakao.com	jasonlee47@kakao.com

한글이나 특수 문자를 없애자

이제 이메일 주소만 남기고 한글이나 특수 문자, 빈칸 등을 모두 없애자. 그런데 이렇게 한꺼번에 요청하면 오류가 생길 가능성이 높다. 제대로 된 코드가 나오지 않을 수도 있고 우리가 확인하기도 어렵다. 이때는 한 번에 한 개씩 차근차근 요청해 보자.

우선 'ㄹ', '닷컴', '입니다' 같은 한글을 없애자.

 구글 시트 F열에 있는 한글은 모두 지우는 스크립트를 짜 줘

```
function removeKorean() {
    var sheet = SpreadsheetApp.getActiveSheet();
    var range = sheet.getRange("F:F");
    var values = range.getValues();
    for (var row = 0; row < values.length; row++) {
        for (var col = 0; col < values[0].length; col++) {
            if (typeof values[row][col] === 'string') {
                var value = values[row][col];
                var newValue = value.replace(/[ㄱ-ㅎㅏ-ㅣ가-힣]/g,'');
                if (value !== newValue) {
                    range.getCell(row+1, col+1).setValue(newValue);
                }
            }
        }
    }
}
```

한글이 모두 없어졌다.

E	F
이메일 주소	()
cindyleeㄹ82@gmail.com	cindylee82@gmail.com
johndoe25@야후닷컴	johndoe25@yahoo.com
이메일: nnasmith37@naver.com	: nnasmith37@naver.com
davidkim99@흐미.채ㅡ	davidkim99@gmail.com
lisajohnson64@@kakao.com	lisajohnson64@kakao.com
brianpark21@naver.com	brianpa한글이 모두 없어졌다.
sarahchoi87@gmail.com	sarahchoi87@gmail.com
mikedavis55@네이버입니다	mikedavis55@naver.com
ericlee11@gmail.com	ericlee11@gmail.com
이메일: sallykim88@yahoo	: sallykim88@yahoo
kevinbaek77@naver.com	kevinbaek77@naver.com
janedoe86@gmail.com입니다.	janedoe86@gmail.com.
jasonlee47@kakao.com	jasonlee47@kakao.com

이메일 형식이 아닌 셀을 찾아 노란색으로 칠하자

이제 이메일 형식이 아닌 셀을 찾아서 노란색으로 칠해 달라고 하자. 어떤 경우가 있는지 모르니 일단 이렇게 표시한 다음에 모두 바꾸기 등을 이용해 수정하는 것을 추천한다.

 구글 시트 F열에 이메일 형식이 아닌 것을 찾아서 노란색으로 칠하는 스크립트를 짜 줘

```
function highlightNonEmailCells() {
    var sheet = SpreadsheetApp.getActiveSheet();
    var range = sheet.getRange("F:F");
    var values = range.getValues();

    for (var i = 0; i < values.length; i++) {
        var value = values[i][0];
        if (value && !isValidEmail(value)) {
            range.getCell(i + 1, 1).setBackground("yellow");
        }
    }
}

function isValidEmail(email) {
    return email.indexOf("@") >= 0;
}
```

ChatGPT가 준 코드의 맨 아래쪽을 보면 '@' 문자가 포함되어 있으면 이메일 주소라고 판단하는 것을 알 수 있다. 그런데 이렇게 하면 다음 그림처럼 @이 없고 비어 있지 않는 셀만 찾는다.

	E	F
이메일 주소		()
cindyle ㄹe82@gmail.com	cindylee82@gmail.com
johndoe25@야후닷컴	johndoe25(~~@이 없고 비어 있지~~
이메일: nnasmith37@naver.com	: nnasmith3 ~~않는 셀만 찾는다.~~
davidkim99@흐미.채―	davidkim99@gmail.com
lisajohnson64@@kakao.com	lisajohnson64@kakao.com
brianpark21@naver.com	brianpark21@naver.com
sarahchoi87@gmail.com	sarahchoi87@gmail.com
mikedavis55@네이버입니다	mikedavis55@naver.com
ericlee11@gmail.com	ericlee11@gmail.com
이메일: sallykim88@yahoo	: sallykim88@yahoo

주석: @이 없고 비어 있지 않는 셀만 찾는다.

결과가 만족스럽지 않을 때는 '정확하게' 요구하자

이것은 ChatGPT에게 요청할 때 '정확하게' 요청하지 않아서 그렇다. 다음
과 같이 '정확하게'라는 표현을 추가해서 요청하자.

구글 시트에서 F열에 이메일 주소 형식이 아닌 셀을 정확하게 찾아서 노란색으로 칠하
는 스크립트를 짜 줘

```javascript
function highlightNonEmailCells() {
    var sheet = SpreadsheetApp.getActiveSheet();
    var range = sheet.getRange("F:F");
    var values = range.getValues();

    for (var i = 0; i < values.length; i++) {
        var value = values[i][0];
        if (value !== "" && !isValidEmail(value)) {
            range.getCell(i + 1, 1).setBackground("yellow");
        }
    }
}
```

```
function isValidEmail(email) {
    var emailRegex = /^[^\s@]+@[^\s@]+\.[^\s@]+$/;
    return emailRegex.test(email);
}
```

코드를 실행한 결과는 다음과 같다.

E	F
이메일 주소	()
cindyleㄹe82@gmail.com	cindylee82@gmail.com
johndoe25@야후닷컴	johndoe25@yahoo.com
이메일: nnasmith37@naver.com	: nnasmith37@naver.com
davidkim99@흐미.채ㅡ	davidkim99@gmail.com
lisajohnson64@@kakao.com	lisajohnson64@kakao.com
brianpark21@naver.com	brianpark21@naver.com
sarahchoi87@gmail.com	sarahchoi87@gmail.com
mikedavis55@네이버입니다	mikedavis55@naver.com
ericlee11@gmail.com	ericlee11@gmail.com
이메일: sallykim88@yahoo	: sallykim88@yahoo
kevinbaek77@naver.com	kevinbaek77@naver.com
janedoe86@gmail.com입니다.	janedoe86@gmail.com.
jasonlee47@kakao.com	jasonlee47@kakao.com
rachelchoi33@navercom	rachelchoi33@navercom
peterkim63@gmailcom	peterkim63@gmailcom
amysmith27@kakao.com	amysmith27@kakao.com

> **TIP**

ChatGPT가 준 코드의 맨 아래를 보면 이메일 주소의 유효성을 정규식으로 확인하는 것을
볼 수 있다.

```
var emailRegex = /^[^\s@]+@[^\s@]+\.[^\s@]+$/;
```

정규식은 정규표현식(Regular Expression)을 말한다. 정규식은 주로 특정 문자열 패턴을
찾거나, 대체하는 데 사용한다. 예를 들어, 다음과 같은 상황에서 문자열을 찾는 데 사용할
수 있다.

- 형식이 숫자 3개, 대시, 숫자 4개, 대시, 숫자 4개(000-0000-0000)인 휴대폰 번호를 찾고자 할 때

- 영어나 숫자 1개 이상, @, 영어나 숫자 1개 이상, 점(.), 영어가 1개 이상인 형식을 만족하는 이메일 주소를 찾고자 할 때

- '서울시', 한글 1개 이상, '구', 한글 1개 이상, '로'나 '가', 숫자 1개 이상인 형식을 만족하는 도로명 주소를 찾고자 할 때

- 영어 3개, 숫자 3개인 형식을 만족하는 abc001과 같은 제품 코드를 찾고자 할 때

이런 문자열을 찾아 추출하거나 다른 문자열로 대체할 때 정규식을 사용한다. 정규식을 사용하는 방법은 다음과 같다.

- . (마침표): 임의의 문자

- * (별표): 앞 문자가 0개 이상 반복되는 패턴

- + (덧셈표): 앞 문자가 1개 이상 반복되는 패턴

- ? (물음표): 앞 문자가 0개 또는 1개인 패턴

- ^ (시작): 문자열의 시작, 또는 뒤에 글자가 아닌 것

- $ (끝): 문자열의 끝

- [] (대괄호): 대괄호 안에 있는 문자 중 하나와 일치하는 패턴

- | (파이프): 둘 중 하나와 일치하는 패턴

- \s: 공백

- \d: 숫자

앞에서 이메일 주소를 찾는 데 사용한 정규식을 보자.

```
var emailRegex = /^[^\s@]+@[^\s@]+\.[^\s@]+$/;
```

- ^: 다음에 나오는 문자로 문자열이 시작해야 한다.

- [^\s@]+: 공백(\s)이나 @이 아닌(^) 문자가 하나 이상(+) 있어야 한다. 예를 들어 "abc"

- @: @이 있어야 한다.

- [^\s@]+: 공백이나 @ 문자가 아닌 문자가 하나 이상 있어야 한다. 예를 들어 "naver"

- \.: 점(.)이 있어야 한다.

- [^\s@]+: 공백이나 @ 문자가 아닌 문자가 하나 이상 있어야 한다. 예를 들어 "com"

- $: 문자열이 끝나야 한다.

정규식은 우리가 이해한다고 쉽게 쓸 수 있는 것은 아니다. 일단 ChatGPT에게 정규식을 만들어 달라고 하고, 그 정규식을 다시 주면서 설명해 달라고 하면 된다.

20

날짜 형식 통일하기

날짜가 완전 제멋대로다

구글 폼을 이용해 설문 조사를 할 때, 입금 예정일 같은 날짜를 받는다면 꼭 날짜 형식으로 지정해야 한다. 주관식으로 받으면 사람마다 날짜를 제각각 적는다. 예제를 보면 다음과 같은 것들이 있다.

- 20230110
- 1월25일
- 20230109
- 2023.01.10.
- 2023.1.10(화)
- 23.01.10
- 01월 13일
- 1월 14일
- 오늘 바로 할께요
- 1/16 예정
- 2023-01-15

- 2.17
- 2022–01–18
- 오늘
- 2023.1.20
- 2023.01.27
- 1월28일
- 23.01.28.
- 1/23에요

　이런 게 몇백 개 정도 있다면 ChatGPT에게 바꿔 달라고 요청하자. ChatGPT가 확실히 잘 고쳐준다. 특히 '오늘', '오늘 입금합니다' 같은 단어나 문장만 있을 때 오늘을 날짜로 바꿔준다.

 다음을 2023-11-11과 같은 날짜 형식으로 바꿔줘

20230110
1월25일
20230109
2023.01.10.
…

 2023-01-10
2023-01-25
2023-01-09
2023-01-10
2023-01-10
2023-01-10
2023-01-13
2023-01-14
2023-11-11 (오늘)
…

ChatGPT는 오늘이 며칠인지 모른다

ChatGPT가 아직 날짜와 시간 개념이 약해서 오늘을 2023년 11월 11일로 잘못 바꿔 놓았다. 확실히 ChatGPT는 오늘 날짜를 모른다.

 오늘이 며칠이지?

 죄송합니다, 저는 오늘의 날짜를 알 수 없습니다. 제가 학습한 시점 이전의 정보만 알고 있기 때문입니다. 현재 날짜와 시간을 알고 싶다면 인터넷에서 날짜 및 시간을 검색하거나, 현재 위치의 시간대를 확인하는 기기나 앱을 이용해주세요.

그렇다고 ChatGPT가 뻥만 치는 것은 아니다. ChatGPT는 분명히 '오늘' 이 들어간 문장을 다음과 같이 바꿨다.

 2023-11-11 (오늘)

날짜는 정확히 모르겠으나 '오늘'은 표기한 것이다. 따라서 ChatGPT로 날짜나 시간 같은 데이터를 다룰 때는 ChatGPT가 현재 날짜와 시간을 모르는 것은 물론, 정확한 연산을 수행할 수 없다는 점을 알고 사용하자.

ChatGPT에게 예시 날짜를 주고 코드를 짜 달라고 하자

어쨌든 날짜가 뒤죽박죽인 경우에는 정규식을 이용하면 어렵지 않게 날짜를 바로잡을 수 있다. ChatGPT에게 예시를 주고 바로잡는 코드를 달라고 하자.

구글 시트 H열에 다음과 같이 날짜 데이터가 뒤죽박죽 써 있다. 이걸 날짜 형식으로 바로잡는 앱스 스크립트를 만들어 줘.

1월 9일

20230110

1월 25일

20230109

2023.01.10.

1월 20일

2023.1.10(화)

23.01.10

2023.01.12.

1/13

1/13

1월 14일

오늘 바로 할께요

1/16 예정

2023-01-15

2.17

2022-01-18

오늘

1월 18일

```
function fixDates() {
    var sheet = SpreadsheetApp.getActiveSpreadsheet().
getActiveSheet();
    var data = sheet.getRange("H1:H" + sheet.getLastRow()).
getValues();
    var newData = [];

    for (var i = 0; i < data.length; i++) {
        var value = data[i][0];
        if (value instanceof Date) {
```

챗GPT와 업무자동화

```
            newData.push([value]);
        } else if (typeof value == "string") {
            value = value.trim();

            // Check for various date formats and convert to ISO format
            var match;
            if (match = value.match(/^(\d{4})[\.\-/](\d{1,2})[\.\-/]
(\d{1,2})/)) {
                newData.push([new Date(match[1], match[2]-1, match[3])]);
            } else if (match = value.match(/^(\d{1,2})[\.\-/](\d{1,2})/)) {
                var year = new Date().getFullYear();
                newData.push([new Date(year, match[1]-1, match[2])]);
            } else if (match = value.match(/^(\d{4})(\d{2})(\d{2})/)) {
                newData.push([new Date(match[1], match[2]-1, match[3])]);
            } else if (match = value.match(/^(\d{1,2})월\s*(\d{1,2})일/)) {
                var year = new Date().getFullYear();
                newData.push([new Date(year, match[1]-1, match[2])]);
            } else if (match = value.match(/^(\d{1,2})월\s*(\d{1,2})일
(.*)/)) {
                var year = new Date().getFullYear();
                newData.push([new Date(year, match[1]-1, match[2])]);
            } else if (match = value.match(/^(\d{4})\.(\d{2})\.(\d{2})\./)) {
                newData.push([new Date(match[1], match[2]-1,
match[3])]);
            } else if (match = value.match(/^(\d{4})-(\d{2})-(\d{2})/)) {
                newData.push([new Date(match[1], match[2]-1, match[3])]);
            } else if (match = value.match(/^(\d{1,2})\/(\d{1,2})/)) {
                var year = new Date().getFullYear();
                newData.push([new Date(year, match[0]-1, match[1])]);
            } else if (value === "오늘") {
                newData.push([new Date()]);
            } else {
                newData.push([""]);
```

```
        }
    } else {
        newData.push([""]);
    }
}

sheet.getRange("H1:H" + sheet.getLastRow()).setValues(newData);
}
```

G 열의 입금일을 복사해서 H 열에 붙여넣은 다음 코드를 실행하면 H 열에서 어느 정도 제대로 된 날짜로 바뀌는 것을 볼 수 있다.

G	H
입금일	
1월 9일	2023. 1. 9
20230110	
1월 25일	2023. 1. 25
20230109	
2023.01.10.	2023. 1. 10
1월 20일	2023. 1. 20
2023.1.10(화)	2023. 1. 10
23.01.10	2024. 11. 1
2023.01.12.	2023. 1. 12
1/13	2023. 1. 13
1/13	2023. 1. 13
1월 14일	2023. 1. 14
오늘 바로 할께요	
1/16 예정	2023. 1. 16
2023-01-15	2023. 1. 15
2. 17	
2022-01-18	2022. 1. 18
오늘	2023. 2. 28
1월 18일	2023. 1. 18
1월 18일	2023. 1. 18

일부 데이터를 제외하고 날짜 형식이 맞춰졌다.

날짜가 제대로 안 바뀌면 일반 텍스트로 바꾸고 하자

그런데 G 열에서 일부 날짜가 바뀌지 않고 데이터가 사라진 것을 볼 수 있다. 이때는 서식을 '일반 텍스트'로 바꾼 다음에 코드를 실행하면 된다. 그러면 다음과 같이 날짜 서식이 아닌 데이터도 날짜로 바뀐다.

G	H
입금일	
1월 9일	2023. 1. 9
20230110	2023. 1. 10
1월25일	2023. 1. 25
20230109	2023. 1. 9
2023.01.10.	2023. 1. 10
1월20일	2023. 1. 20
2023.1.10(화)	2023. 1. 10
23.01.10	2024. 11. 1
2023.01.12.	2023. 1. 12
1/13	2023. 1. 13
1/13	2023. 1. 13
1월 14일	2023. 1. 14
오늘 바로 할께요	
1/16 예정	2023. 1. 16
2023-01-15	2023. 1. 15
2.17	2023. 2. 17
2022-01-18	2022. 1. 18
오늘	2023. 2. 28
1월 18일	2023. 1. 18
1월 18일	2023. 1. 18

> 서식을 '일반 텍스트'로 바꾼 다음에 코드를 실행한다.

그런데 문제가 또 하나 있다. '오늘'은 오늘 날짜로 바뀌었지만, '오늘 바로 할께요'는 날짜로 바뀌지 않고 데이터가 사라졌다. 이는 다음 코드처럼 정규식을 사용하지 않고 셀에 '오늘'만 있는 경우를 찾기 때문이다.

```
} else if (value === "오늘") {
```

'오늘 바로 할께요.', '죄송합니다. 오늘 할께요.' 같은 경우도 오늘 날짜로 바꾸려면 코드를 다음과 같이 바꾸면 된다.

```
} else if (match = value.match(/.*오늘.*/)) {
```

이 코드에서 점(.)은 아무 글자를 의미하고, *은 아무 글자가 0개 이상 있는 것을 의미한다. 즉 '오늘'이란 글자를 포함한다면 다 찾으라는 뜻이다.

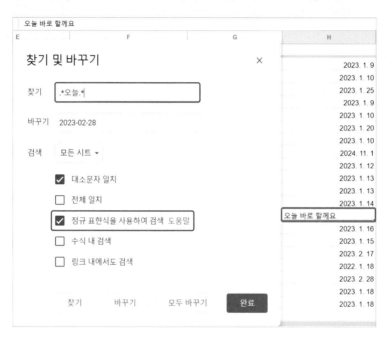

TIP

구글 시트에서 Ctrl+H 키를 눌러 [찾기 및 바꾸기] 대화상자를 열면 아래에 [정규 표현식을 사용하여 검색] 옵션이 있다. 여기서 바로 정규식을 사용해 바꾸는 것도 가능하다.

21

한 셀에서
이름, 휴대폰, 이메일 추출하기

여러 정보가 뒤섞인 것을 풀어내려면...

여러 정보가 하나의 열에 뒤섞일 때가 종종 있다. 예제에서처럼 추천자의 이름, 휴대폰 번호, 이메일 주소가 한 셀에 들어있으면 고치기가 참 어렵다.

하지만 이런 식으로 섞여 있더라도 휴대폰 번호나 이메일 주소 같은 데이터가 형식만 정확하면 정규식으로 추출하는 것은 어렵지 않다. ChatGPT에게 전화번호를 추출하여 오른쪽 열에 넣는 스크립트를 요청하자.

 활성화된 구글 시트의 I열에서 000-0000-0000 형식의 휴대폰 번호만 추출해서 J열에 입력하는 스크립트를 짜 줘

```
function extractPhoneNumbers() {
    const sheet = SpreadsheetApp.getActiveSheet();
    const data = sheet.getRange("I2:I").getValues();
    const startCell = sheet.getRange("J2");
    const phoneNumbers = [];
    data.forEach(function(row) {
        const phoneNumber = row[0].toString().match(/\d{3}-
\d{4}-\d{4}/);
        if (phoneNumber) {
            phoneNumbers.push([phoneNumber[0]]);
        }
    });
    const numRows = phoneNumbers.length;
    if (numRows > 0) {
        const numCols = phoneNumbers[0].length;
        const range = startCell.offset(0, 0, numRows, numCols);
        range.setValues(phoneNumbers);
    }
}
```

이 스크립트를 실행해 보면 이상한 결과가 나타난다. 결과가 6개만 보이고 나머지는 비어 있다. 게다가 해당 행이 아닌 곳에 결과를 표시했다.

I	J	
추천자 정보(이름, 휴대폰 번호, 이메일 주소)	추천자 정보(이름, 휴대폰 번호, 이메일 주소)	
김철수, 010-1111-1111, wtoday22@naver.com	010-1111-1111	
없습니다.	010-4343-7222	결과가 6개 뿐이고,
이영호. 휴대폰 모릅니다. 이메일은 abc@gmail.com	010-3224-4422	해당 행이 아닌 곳에
없음	010-2422-1592	표시했다.
박민수, 02-5848-4526, adfdf@naver.com	010-2341-9567	
김수철 010 3232 2456		
추천인 없습니다.		
추천인은 이철수, 휴대폰과 이메일 모릅니다.		
김철수, 이영희		
박하영/010-4343-7222/w36432@naver.com		
이정호 010-3224-4422		
김가희 010 2354 2678		

빈 셀, 빈 행, 빈 열을 꼼꼼히 확인해야 한다

이 문제는 I 열에 휴대폰 번호가 없을 때, J 열에서 한 행을 건너뛰는 코드를 구현하지 않아서 그렇다. 위 코드에서 if (phoneNumber) 부분을 보자.

```
if (phoneNumber) {
    phoneNumbers.push([phoneNumber[0]]);
}
```

만약 phoneNumber 값이 있으면 phoneNumbers 변수에 값을 넣으라는 말이다. 그런데 phoneNumber 값이 없으면 값을 넣지 않기 때문에 해당 행을 건너뛰지 못하는 것이다. 따라서 else 문을 넣고 임의의 빈칸을 넣어야 한다.

```
if (phoneNumber) {
    phoneNumbers.push([phoneNumber[0]]);
} else {
    phoneNumbers.push(/*Added []*/[""]);
}
```

이렇게 하고 실행하면 결과가 제대로 나온다.

그런데 이렇게 코딩할 수 없는 우리는 ChatGPT에게 다시 물어봐야 한다. 이때 어떻게 묻느냐에 따라 대답이 조금씩 다르다. 일단 다음과 같이 물어보자.

 다음은 앱스 스크립트다. 휴대폰 번호가 없는 경우 '없음'을 입력하려면 어떻게 해야 하지?

```
function extractPhoneNumbers() {
  const sheet = SpreadsheetApp.getActiveSheet();
  ...
```

 다음과 같이 수정할 수 있습니다.

```
function extractPhoneNumbers() {
    ...
    if (phoneNumber) {
      phoneNumbers.push([phoneNumber[0]]);
    } else {
```

챗GPT와 업무자동화

```
        phoneNumbers.push(['없음']); // '없음' 값 추가
    }
    ...
```

수정된 코드에서는 phoneNumber이 null이면 '없음'값이 phoneNumbers 배열에 추가됩니다. 이후에는 기존 코드와 같이 setValues 메서드를 사용하여 시트에 데이터를 입력합니다.

ChatGPT도 비슷하게 코드를 수정해 줬다. 이것만 기억하자. 조건을 걸었는데 해당 조건이 아닌 경우가 있어서 원하는 결과가 나오지 않을 때는 코드에서 if와 else가 있는지 확인해 보자. 그리고 상황에 맞게 발생할 수 있는 경우(~가 없는 경우, ~가 안 되는 경우 등등)를 ChatGPT에게 알려주고 코드를 수정해 달라고 하자.

사람 이름은 어떻게 찾아야 하나?

그런데 문제는 이름이다. 이름은 어떻게 추출할 수 있을까? 이름 같은 것은 ChatGPT에게 직접 요청해야 한다.

 다음에서 이름만 추출해줘

김철수, 010-1111-1111, wtoday22@naver.com
없습니다.
이영호. 휴대폰 모릅니다. 이메일은 abc@gmail.com
없음
박민수, 02-5848-4526, adfdf@naver.com
김수철 010 3232 2456

추천인 없습니다.

추천인은 이철수, 휴대폰과 이메일 모릅니다.

김철수, 이영희

박하영/010-4343-7222/w36432@naver.com

이정호 010-3224-4422

김가희 010 2354 2678

 추출된 이름:

- 김철수
- 이영호
- 박민수
- 김수철
- 이철수
- 이영희
- 박하영
- 이정호
- 김가희

여기서 문제는 '추천인', '이메일' 같은 단어가 사람 이름인지 아닌지 판단해야 한다. ChatGPT는 보통명사(추천인, 이메일)로 주로 사용되는 단어는 고유명사인 이름으로 보지 않는다. 물론 대답할 때마다 조금씩 다르기는 하다.

아무튼 이를 앱스 스크립트로 해결하려면 이름 데이터가 있어야 한다. 즉, 다른 시트에 이름 데이터를 넣어 놓고 그 이름과 일치하는 이름이 있으면 추출하는 것이다. 그런데 이건 그냥 VLOOKUP 함수를 쓰는 게 확실하다.

프로그래밍이든 자동화든 어떤 결과를 만들기 위한 방법은 굉장히 많다. 그래서 같은 결과를 내는 코드도 수백 수천 가지로 다르게 작성할 수 있다. ChatGPT는 그중에 하나를 내놓는 것뿐이다. 어떤 코드는 당연히 버그가 있어서 오류를 낸다. 사람이 질문을 잘못한 것일 수도 있지만 질문과 관계없이 ChatGPT가 오류를 내기도 하고, ChatGPT가 참고하고 학습한 소스 코드가 처음부터 잘못됐을 수도 있다.

ChatGPT는 부사수지 정답을 알려주는 신이 아니다. 부사수처럼 귀엽게 봐주고 토닥거리면서 키워 나가자.

22

강좌명을 열로 분리하기

한 셀에 쉼표로 구분된 데이터 분리하기

구글 폼으로 설문 조사를 할 때, 다음과 같이 강좌 신청 항목을 체크리스트로 만들어 두고 선택하게 하는 경우가 많다.

이렇게 하면 결과 시트에서 여러 강좌가 하나의 셀에 쉼표로 구분되어 저장된다.

	A	B
	타임스탬프	수강을 원하는 강좌를 선택하세요.
	2023. 2. 28 오후 9:34:33	챗GPT자동화
	2023. 2. 28 오후 9:34:42	챗GPT자동화, 엑셀꿀팁100가지
	2023. 2. 28 오후 9:34:50	챗GPT자동화, 파이썬도전
	2023. 2. 28 오후 9:34:54	파이썬도전
	2023. 2. 28 오후 9:35:06	챗GPT자동화, 엑셀꿀팁100가지, 파이썬도전

이 경우 어떤 강좌를 누가 듣고, 강좌마다 몇 명이 신청했는지 정리하려면 손품을 좀 팔아야 한다. 하지만 앱스 스크립트를 사용하면 금방 해결할 수 있다. 예를 들어 B 열에 신청자 이름이 있고, K 열에 신청 강좌가 있다면 ChatGPT에게 다음과 같이 요청하자.

구글 스프레드시트1의 B열에 '신청자 이름'이 있고, K열에 '신청 강좌'가 있다. '신청 강좌'는 1개 이상의 강좌명이 쉼표로 구분되어 있다. 신청 강좌별로 신청자 이름을 새 시트에 나열하고 싶다. 앱스 스크립트를 짜 줘

```
function separateApplicants() {
    var ss = SpreadsheetApp.getActiveSpreadsheet();
    var sheet1 = ss.getSheetByName('시트1'); // 시트1의 이름을 본인
이 사용하는 이름으로 변경해주세요.
    var sheet2 = ss.getSheetByName('시트2'); // 새로운 시트의 이름
을 본인이 사용하는 이름으로 변경해주세요.
    var data = sheet1.getDataRange().getValues();
    var newData = [];

    // 각각의 강좌별로 신청자 이름을 분리합니다.
    for (var i = 1; i < data.length; i++) {
        var row = data[i];
        var applicant = row[1]; // B열에 있는 신청자 이름
        var courses = row[10].split(","); // K열에 있는 신청 강좌

function separateApplicants() {
    var ss = SpreadsheetApp.getActiveSpreadsheet();
```

```
    var sheet1 = ss.getSheetByName('시트1'); // 시트1의 이름을 본인
이 사용하는 이름으로 변경해주세요.
    var sheet2 = ss.getSheetByName('시트2'); // 새로운 시트의 이름
을 본인이 사용하는 이름으로 변경해주세요.
    var data = sheet1.getDataRange().getValues();
    var newData = [];

    // 각각의 강좌별로 신청자 이름을 분리합니다.
    for (var i = 1; i < data.length; i++) {
        var row = data[i];
        var applicant = row[1]; // B열에 있는 신청자 이름
        var courses = row[10].split(","); // K열에 있는 신청 강좌

        for (var j = 0; j < courses.length; j++) {
            var course = courses[j].trim();

            // 새로운 데이터 배열에 추가합니다.
            if (newData[course] == null) {
                newData[course] = [];
            }
            newData[course].push(applicant);
        }
    }

    // 새로운 시트에 데이터를 입력합니다.
    var headers = ['신청 강좌', '신청자 이름'];
    sheet2.appendRow(headers);

    for (var course in newData) {
        var applicants = newData[course];
        var newRow = [course, applicants.join(", ")];
        sheet2.appendRow(newRow);
    }
}
```

코드를 실행했더니 오류가 발생했다.

오류가 나면 ChatGPT에게 오류 메시지를 알려주자

오류가 나타나면 오류 메시지를 ChatGPT에게 알려주면 된다.

TypeError: Cannot read properties of null (reading 'appendRow') 라
는 오류가 나타난다.

'Cannot read properties of null' 오류는 해당 프로퍼티가 null 또는
undefined인 경우에 발생하는 오류이므로, 해당 오류가 발생한 원인은 시트2가 존
재하지 않는 경우입니다. 따라서, 시트2를 먼저 생성해야 합니다.

아래는 시트2를 생성하는 코드를 추가한 예시입니다.

```
function separateApplicants() {
    var ss = SpreadsheetApp.getActiveSpreadsheet();
    var sheet1 = ss.getSheetByName('시트1'); // 시트1의 이름을 본인
이 사용하는 이름으로 변경해주세요.
    var sheet2 = ss.getSheetByName('시트2'); // 새로운 시트의 이름
을 본인이 사용하는 이름으로 변경해주세요.
```

```
// 시트2가 존재하지 않는 경우, 새로운 시트를 생성합니다.
if (sheet2 == null) {
    sheet2 = ss.insertSheet('시트2'); // 새로운 시트의 이름을 본
인이 사용하는 이름으로 변경해주세요.
    }

    var data = sheet1.getDataRange().getValues();
    var newData = [];
(하략)
```

오류를 ChatGPT에게 알려주고 ChatGPT의 대답을 자세히 보면서 다시 해보면 된다. 물론 ChatGPT가 오류 자체를 잘못 이해할 수도 있다. 어쨌든 결과는 다음과 같이 나온다.

신청 강좌별로 신청자가 몇 명인지도 궁금할 수 있다. B 열에 쉼표로 구분된 이름의 개수를 C 열에 넣는 작업은 함수를 이용해보자. ChatGPT에게 함수를 요청하면 된다.

 구글 시트 B열에 이름과 쉼표가 반복되는 데이터가 있다. 이름만 몇 개인지 C열에 숫자로 넣는 함수를 짜 줘

 =IF(B2<>"",IF(RIGHT(B2,1)=",",LEN(B2)-LEN(SUBSTITUTE(B2,",","")),LEN(B2)-LEN(SUBSTITUTE(B2,",",""))+1),"")

물론 처음부터 스크립트를 짤 때 인원도 같이 넣어달라고 하면 되지만, 한꺼번에 너무 많은 것을 요청하지 말고, 한 번에 코드 하나만 요청하는 것이 좋다.

22

주소로 우편번호 찾기

네이버에서 우편번호를 찾는다고?

시트에 주소 목록이 있을 때, 우체국에서 대량 발송하려면 우편번호가 필요하다. 우체국 홈페이지에서 우편번호를 자동으로 채워주는 프로그램을 제공하지만, 설치도 해야 하고 화면 구성도 복잡해서 이래저래 귀찮다. 이때 앱스 스크립트를 이용해서 네이버 검색과 연동하면 우편번호를 자동으로 입력할 수 있다.

일단 한번 시작해 보자. 예를 들어 다음과 같은 주소가 있다.

▪ 서울시 성동구 성수이로 51, 한라시그마밸리 3층 (성수동 2가)

이 주소를 네이버 검색창에 입력해서 검색해 보자. 그러면 다음과 같이 지도가 나타나고 그 밑에 우편번호 '04781'이 보인다. 이 값을 추출하면 된다.

이때 검색창에 입력한 주소를 파라미터(parameter, 매개변수)라고 한다. 파라미터는 주소창 URL에 반영되기 때문에 이 파라미터를 바꿔서 접속하면 매번 다른 주소로 검색할 수 있다. 어떻게 하는지는 ChatGPT에게 먼저 물어 보자.

특정 웹 페이지에 파라미터를 주고 나서 나타나는 페이지에서 연속된 숫자 5개를 추출하는 구글 앱스 스크립트를 짜 줘

```
function extractNumbersFromWebPage() {
    // 파라미터와 함께 접속할 URL 정의
    const baseUrl = 'https://example.com/page?param1=value1&param
2=value2';
    const response = UrlFetchApp.fetch(baseUrl);

    // HTTP 응답 코드가 성공(200)이 아니면 종료
```

```
if (response.getResponseCode() != 200) {
    Logger.log('Error: HTTP response code is ' + response.
getResponseCode());
    return;
}

// 페이지 내용에서 숫자를 찾아서 배열로 추출
const content = response.getContentText();
const regex = /(\d{5})/g; // 5자리 숫자를 찾는 정규식
const numbers = content.match(regex);

// 추출된 숫자 배열 출력
Logger.log(numbers);
}
```

코드를 보면 대강 이해가 간다. 중요한 것은 두 가지다. 첫째는 다음 코
드다.

```
const baseUrl = 'https://example.com/page?param1=value1&param2=value2';
```

이 코드는 웹 페이지 주소를 의미한다. 여기서 네이버 검색 결과가 나오는
주소를 지정해야 한다. 앞서 네이버에서 주소를 검색한 결과 페이지의 주소를
가져오자.

```
https://search.naver.com/search.naver?ie=UTF-8&sm=whl_hty&query=%EC%84%9C
%EC%9A%B8%EC%8B%9C+%EC%84%B1%EB%8F%99%EA%B5%AC+%EC%84%B1%EC%88%98%EC%9D%B
4%EB%A1%9C+51%2C+%ED%95%9C%EB%9D%BC%EC%8B%9C%EA%B7%B8%EB%A7%88%EB%B0%B8%E
B%A6%AC+3%EC%B8%B5+(%EC%84%B1%EC%88%98%EB%8F%99+2%EA%B0%80)
```

이상한 문자가 들어 있다.

이 주소를 잘 보면 https://search.naver.com/search.naver?ie=UTF-8&sm=whl_hty&query= 다음에 이상한 문자가 들어 있다. 이 이상한 문자는 주소다. 따라서 https://search.naver.com/search.naver?ie=UTF-8&sm=whl_hty&query= 다음에 주소를 넣으면 된다.

일단 다음과 같이 주소를 넣어 보자.

```
const baseUrl = 'https://search.naver.com/search.naver?ie=UTF-8&sm=whl_
hty&query=서울시 성동구 성수이로 51, 한라시그마밸리 3층 (성수동 2가)';
```

그리고 실행해 보면 화면 아래쪽에서 실행 로그가 나타나고, 5자리 숫자가 무진장 많이 나온다.

실행 로그를 보면 5자리 숫자가 무지 많이 나온다.

웹 페이지에서 우편번호만 정확히 추출하려면?

이런 결과가 나오는 이유는 소스 코드에서 숫자 5자리를 모두 찾았기 때문이다. 우편번호는 숫자 5자리이므로 ChatGPT가 정규식을 그렇게 사용한 것이다.

```
const regex = /(\d{5})/g; // 5자리 숫자를 찾는 정규식
```

우리는 우편번호만 찾아야 하므로 이 정규식을 조금 수정해야 한다. 좀 전의 웹 페이지에서 마우스 오른쪽 버튼을 눌러 [페이지 소스 보기]를 클릭하자.

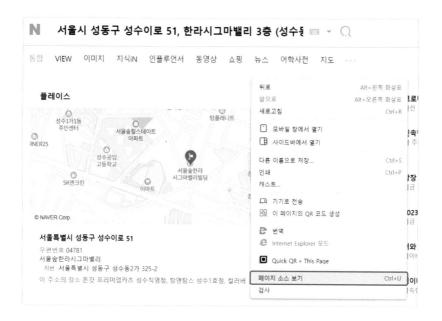

그러면 복잡한 소스 코드가 보인다. 당황하지 말고 Ctrl+F 키를 눌러 '우편번호'로 검색하자. 우편번호가 검색되는데, 그 옆에 있는 숫자 '04781'이 우편번호다.

```
(성수동 2가)'의 네이버 통합검색 결과입니다."> <title>서울시 성동구 성수이로 51, 한라시그마밸리 3층 (성수동 2가) : 네이버 통합
:color-border19:222,224,226;--place-color-border20:234,235,236;--place-color-border21:217,218,219;--place-color-border22:156,165
><span class="knjJ8"><span class="olMXL">우편번호</span>04781</span><span class="knjJ8"><div>서울숲한라시그마밸리</div><span c
:":"https://p-api.place.naver.com","timeout":5000},"socialPlugin":{"hostname":"https://ssl.pstatic.net/spi","mobilePath":"/js/r
```

이 우편번호는 잘 보면 '우편번호</span>04781'로 되어 있다. Ctrl+F 키를 다시 눌러 '우편번호</span>04781'으로 검색하면 이것 하나만 나온다. 이걸 정규식에 넣으면 된다.

```
const regex = /우편번호</span>(\d{5})/g; // 5자리 숫자를 찾는 정규식
```

그런데 이렇게 넣으면 '우편번호</span>' 가운데에 있는 '/' 때문에 오류가 생긴다. 슬래시(/)는 정규식에 사용하는 문자이므로 일반 문자로 인식하게 하려면 역슬래시(\)를 추가해야 한다.

```
const regex = /우편번호<\/span>(\d{5})/g; // 5자리 숫자를 찾는 정규식
```

귀찮다면 그냥 'span>'만 추가해도 된다.

```
const regex = /span>(\d{5})/g; // 5자리 숫자를 찾는 정규식
```

실행하면 다음과 같이 결과가 나온다. 'span>'는 나중에 지우면 된다.

자, 지금까지 특정 주소의 우편번호를 구하는 함수를 완성했다. 이 함수에 주소를 전달하고, 해당 주소의 우편번호를 구하려면 코드 3줄만 더 수정하면 된다. 우선 코드의 맨 첫 줄을 찾자.

```
function extractNumbersFromWebPage() {
```

이 코드의 오른쪽 끝 괄호에 address를 추가하자. 나중에 시트에서 extract NumbersFromWebPage 함수를 사용할 수 있는데, 그때 주소가 있는 셀의 값을 address에 저장해서 받아오기 위함이다. 이러한 변수를 파라미터(매개변수) 라고 한다.

```
function extractNumbersFromWebPage(address) {
```

이제 앞에서 수정한 다음 코드를 찾자.

```
const baseUrl = 'https://search.naver.com/search.naver?ie=UTF-8&sm=whl_
    hty&query=서울시 성동구 성수이로 51, 한라시그마밸리 3층 (성수동 2가)';
```

이 코드에서 임시 주소는 지우고, 더하기(+) 기호화 함께 address를 추가한다. 이렇게 하면 address로 전달받은 주소가 URL에 파라미터로 포함되어서 해당 주소로 검색한 웹페이지로 바로 접속할 수 있다.

```
const baseUrl = 'https://search.naver.com/search.naver?ie=UTF-8&sm=whl_
    hty&query=' + address;
```

이제 마지막이다. 마지막에 있는 다음 코드를 찾자.

```
Logger.log(numbers);
```

이 코드는 스크립트 편집기에서 결과를 확인하기 위한 용도이므로 앞에 // 를 붙여서 주석으로 만들자.

```
//Logger.log(numbers);
```

그리고 이 주석 바로 밑에 다음 코드를 추가하자.

```
 return numbers;
```

결과를 시트의 셀로 보내기 위한 코드다.

시트에서 방금 만든 우편번호 찾기 함수를 쓰자

이제 시트로 돌아와서 extractNumbersFromWebPage 함수를 사용해보자. L열 (주소) 오른쪽 열(우편번호)에 다음과 같이 함수 이름을 입력하고 L열을 파라 미터로 지정한다.

```
=extractNumbersFromWebPage(L2)
```

그리고 엔터를 누르면 우편번호가 나타난다. 셀 오른쪽 아래 모서리를 잡 아 더블 클릭하거나 아래로 드래그하면 모든 주소의 우편번호가 자동으로 들 어간다. span>은 나중에 [찾기 및 바꾸기]로 없애면 된다.

L	M
주소	우편번호
서울시 중구 다산로 11길 19 백석빌딩 2층	=extractNumbersFromWebPage(L2)
서울시 강서구 마곡중앙8로 71 마곡_E13(사무동) 2층	
서울시 강서구 마곡중앙8로 71 LG사이언스파크 E13 1층 마케팅팀	
서울시 성동구 성수이로 51, 한라시그마밸리 3층 (성수동 2가)	
경기도 이천시 마장면 지산로 167-72 (주)기용산업	
서울시 강남구 영동대로 735 골프존타워서울 1동 210호	

L	M
주소	우편번호
서울시 중구 다산로 11길 19 백석빌딩 2층	span>04598
서울시 강서구 마곡중앙8로 71 마곡_E13(사무동) 2층	span>07795
서울시 강서구 마곡중앙8로 71 LG사이언스파크 E13 1층 마케팅팀	span>07795
서울시 성동구 성수이로 51, 한라시그마밸리 3층 (성수동 2가)	span>04781
경기도 이천시 마장면 지산로 167-72 (주)기용산업	span>17390
서울시 강남구 영동대로 735 골프존타워서울 1동 210호	span>06072
충청북도 청주시 청원구 오창읍 양청4길 21	span>28116
강원도 원주시 혁신로 22(반곡동) 국립공원공단	span>26466
경상남도 진주시 에나로128번길 24 윤현빌딩 301호	span>52856
경기도 성남시 분당구 불정로 6 네이버 그린팩토리, 13561	span>13561
서울특별시 강남구 선릉로428 멀티캠퍼스 선릉센터 8F	span>06192
경기 고양시 일산동구 호수로 523	span>10430
서울특별시 중구 남대문시장 10길 2, 메사빌딩 20층	span>04529
경기도 성남시 분당구 장미로 42, 513(야탑동, 야탑리더스)	span>13496
경기도 성남시 분당구 불정로 6 네이버 그린팩토리, 13561	span>13561
서울시 강남구 학동로48길 17, 정빌딩 302호	span>06099
서울 성동구 성수일로 77, 1402호	span>04790

TIP

네이버에서 소스 코드를 바꾸면 코드가 작동하지 않을 수 있다. 그럴 때는 네이버의 소스를
확인하고 정규식을 다시 구성해야 한다.

24

신청자에게
맞춤 이메일 보내기

구글 시트의 이메일 명단으로 맞춤 메일을 바로 보낼 수 있을까?

구글 스프레드시트에 있는 이메일 주소로 맞춤형 메일을 쉽게 보낼 수 있다. 예를 들어, 시트에 이름, 환급액, 이메일로 된 데이터가 있고, 이 사람들에게 제목은 "환급 안내"이고, 내용은 "OOO님의 환급액은 OOO입니다."라고 써서 이메일을 보내고자 한다.

사람이 몇 명 안 된다면 직접 메일을 작성해서 보내도 된다. 그런데 10명, 20명, 100명… 이상이면 사람이 하기는 거의 불가능하다. 시간도 오래 걸릴 뿐더러 환급액을 실수로 잘못 보내기라도 한다면 큰일이다. 이때 앱스 스크립트를 쓰면 된다. 우리가 원하는 것을 요청하자.

 구글 시트에 이름, 환급액, 이메일 주소 데이터가 있다. 이메일 주소로 해당 환급액을 알려주는 메일을 지메일로 보내고 싶다.

```
function sendRefundEmails() {
    var sheet = SpreadsheetApp.getActive().getSheetByName('시트이
름'); // 시트 이름을 변경하세요
    var data = sheet.getDataRange().getValues();

    for (var i = 1; i < data.length; i++) {
        var name = data[i][0];
        var refundAmount = data[i][1];
        var emailAddress = data[i][2];

        var subject = "환불 요청 확인";
        var body = "안녕하세요 " + name + "님,\n\n" + "환불 금액 " +
refundAmount + " 원이 승인되었습니다.";

        MailApp.sendEmail(emailAddress, subject, body);
    }
}
```

코드를 실행해 보자. 그런데 오류가 발생한다.

```
function sendRefundEmails() {
  var sheet = SpreadsheetApp.getActive().getSheetByName('시트이름'); // 시트 이름을 변경하세요
  var data = sheet.getDataRange().getValues();

  for (var i = 1; i < data.length; i++) {
    var name = data[i][0];
    var refundAmount = data[i][1];
    var emailAddress = data[i][2];

    var subject = "환불 요청 확인";
    var body = "안녕하세요 " + name + "님,\n\n" + "환불 금액 " + refundAmount + " 원이 승인되었습니다.";

    MailApp.sendEmail(emailAddress, subject, body);
  }
}
```

실행 로그

오전 8:40:40 알림   실행이 시작됨

오전 8:40:40 오류   TypeError: Cannot read properties of null (reading 'getDataRange')
                    sendRefundEmails @ Code.gs:3

오류는 TypeError: connot read properties of null (reading 'getDataRange')라고 나온다. getDataRange를 실행하다가 비어 있는 값(null)이 있어서 속성을 읽을 수 없다는 뜻이다. 오류가 생기는 이유와 해결법을 알아보자.

시트 이름만 정확히 알려주면 된다

오류가 발생하는 이유는 다양하다. 여기서는 '시트이름'을 바꾸지 않아서 그렇다. 일단 두 번째 줄에 있는 '시트이름'을 스프레드시트의 시트 이름으로 바꾼다. 일반적으로 '시트1'이다.

그래도 에러가 나는 경우가 있다. 스프레드시트에서 이메일 주소가 빠져 있는 경우다. 일단은 이메일 주소를 빠짐없이 넣어주자. 이메일 주소가 비어 있을 때 처리하는 스크립트는 나중에 ChatGPT에게 또 물어보면 된다.

아무튼 다시 실행해 보자. 성공했다면 메일을 확인해 보자. 맞춤형 메일이 온 것을 볼 수 있다.

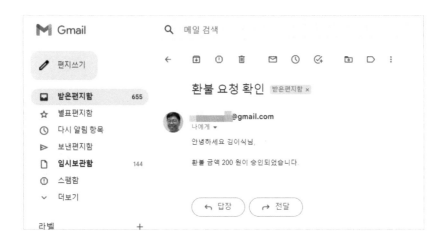

실제 맞춤형 메일을 보내기 전에 테스트를 먼저 해야 한다. 본인 이메일이나 테스트용 이메일 계정을 만들어서 충분히 테스트를 한 다음 실제 이메일로 메일을 보내자.

메일 제목과 본문을 바꾸려면

메일 제목과 본문을 수정하려면 코드를 이해하고 수정해야 한다. 일단 코드를 보자.

```
var subject = "환불 요청 확인";
```

subject라는 변수 이름에서 추측할 수 있듯이 이메일의 제목을 지정하는 코드다. "환불 요청 확인"을 "[환불 안내] 신청 강좌 환불을 안내드립니다."와 같은 식으로 바꾸면 이메일 제목이 바뀐다.

```
var body = "안녕하세요 " + name + "님,\n\n" + "환불 금액 " + refundAmount +
    " 원이 승인되었습니다.";
```

또한, body라는 변수 이름에서 알 수 있듯이 메일 본문을 말한다. 그런데 제목과 형태가 좀 다르다. 이건 본문에 맞춤형 데이터를 넣기 위함이다. 여기서 name과 refundAmount 변수는 이 코드 위에 선언되어 있다.

```
var name = data[i][0];
var refundAmount = data[i][1];
```

보다시피 name 변수는 시트에서 0번째 열에 있는 값, 즉 이름이고, refundAmount는 시트에서 1번째 열에 있는 값, 즉 환급액이다. 이 변수를 본문에 넣을 때는 다음과 같은 방식으로 적으면 된다.

```
"내용… " + 변수명 + "… 내용"
```

만약 제목에 이름을 넣고 싶다면 코드를 다음과 같이 바꾸면 된다.

```
var subject = "[환불 안내]" + name + "님께 환불 금액을 안내드립니다";
```

제목에 이름과 환불액도 넣고 싶다면 다음과 같이 하면 된다.

```
var subject = "[환불 안내]" + name + "님의 환불액은 " + refundAmount + "원 입니다.";
```

잠깐 본문을 살펴보자.

```
var body = "안녕하세요 " + name + "님,\n\n" + "환불 금액 " + refundAmount + " 원이 승인되었습니다.";
```

본문에 \n\n가 있다. 이 문자는 줄 바꿈을 의미한다. \n은 엔터를 한 번 입력한 것이고, \n\n은 엔터를 두 번 입력한 것이다. 엔터를 두 번 입력하면 줄과 줄 사이에 빈 줄이 하나 추가된다. 본문에 따로 HTML을 사용하지 않고 텍스트를 사용할 때 줄을 바꾸는 방법이다.

5

기타 오피스 도구
자동화하기
– 뭐든 다 자동화할 수 있다

25

오피스 업무 자동화
세미나를 하라고?

업무 자동화 전문가로 소문난 김 주임

김 주임은 오늘 아침 출근을 즐겁게 시작했다. 명품 넥타이를 처음 매는 날이기 때문이다. 신입사원 때는 마트에서 산 2만 원짜리 넥타이를 매고 다녔다. 요즘은 입사 3년 차로 넥타이를 맬 일도 별로 없고, 또 괜찮은 넥타이도 없다.

그런데 마침 어젯밤에 온라인교육팀 박 대리가 명품 넥타이를 가져오더니 선물로 주고 갔다. 최 대리에게 배운 대로 박 대리에게 ChatGPT를 활용해 구글 시트를 자동화하는 방법을 알려줬는데, 그에 대한 보답이었다.

김 주임은 명품 넥타이를 매니 어깨가 약간 올라가고 고개가 살짝 뒤로 젖혀진 듯한 기분이 들었다. 괜히 거울을 보고 우쭐거리며 뽐냈다. 그때 갑자기 전화가 왔다. 입사 동기 지 주임이었다. 지 주임은 바로 위층 영업제안팀에서 근무한다.

"어이 지 주임? 뭔 새벽부터 전화를 해?"

"김 주임, 나 사무실인데. 너 언제 출근해?"

"나? 나 이제 출근하려는데, 8시 반쯤 도착할 걸?"

"좀 더 일찍 올 수는 없어?"

"왜? 뭔데? 무슨 일 있어?"

"우리 팀에 꽤 규모가 큰 제안이 있어서 10명이 달라붙어서 제안서를 3백 쪽 넘게 썼는데, 그걸 내가 정리해야 하거든. 그런데 사람마다 다 서식을 제각 각 써서 이걸 혼자 정리하려니 도저히 제안 마감을 못 맞추겠는 거야."

"그런데?"

"그래서 내가 제안PM님한테 이거 혼자 못 한다고 했더니 PM님이 너한테 물어보래. 네가 지금 우리 회사에서 업무 자동화 전문가로 소문이 파다하게 났다는 거야. 팀장급 사이에서."

"엥? 누가 그런… "

"아무튼 얼른 와서 나 좀 가르쳐 줘. 무슨 코딩 자동으로 해주는 걸 쓰면 된 다던데?"

김 주임은 이런 소문이 낯설었지만 싫지는 않다. 최 대리에겐 좀 부끄럽긴 하지만, 이제 ChatGPT로 오피스 작업을 자동화하는 건 모든 직장인의 필수 템인 것 같다는 생각이 들었다. 이왕 이럴 거면 최 대리처럼 우리 회사 사람들 에게 전파해 주는 것도 나쁘지 않을 것 같다.

"알았어. 지금 바로 나갈게. 8시쯤에는 도착할 거야."

"오케이. 고마워."

김 주임은 전화를 끊고 바로 옷을 입기 시작했다. 좀 서둘러야겠다 싶었는 데 또 전화가 왔다. 연구개발팀 오 차장이었다. 오 차장과는 작년에 3일 동안 교육을 같이 들으면서 친해졌다. 연구개발팀 업무란 것도 처음 알았다.

"안녕하세요. 오 차장님, 아침부터 무슨 일로 전화를?"

"김 주임. 안녕. 오랜만이야. 바쁘지? 요즘 김 주임이 워낙 잘나간다고 소문이 자자해서 말이야. 내가 뭐 좀 물어보려고 하는데, 언제 출근해?"

"네? 제가 8시쯤에 도착합니다만… 무슨 질문이?"

"아니, 우리 팀에 신기술이 나오는데, 사장님이 이걸 뉴스레터로 만들어서 전문가들에게 좀 뿌리라고 하시네. 그래서 뉴스레터를 만들어야 하는데, 인터넷에서 뉴스를 수집해서 우리 구글 시트에 있는 이메일 2천 개로 맞춤 메일을 보내야 해. 그런데 이런 거 김 주임이 1분 만에 할 수 있다며?"

"네? 아니… 그게… 그 정도는 아니고…"

"아무튼 빨리 와봐. 지금 사장님도 김 주임 얘기 들었거든."

"헉!"

김 주임은 이게 무슨 일인가 하고 얼떨떨했다. 일단 사무실로 빨리 출근하려는데 또 전화가 왔다. 이번에는 팀장님이다.

"팀장님?"

"네, 김 주임. 언제 출근해요?"

"아? 출근요. 8시쯤에는 도착합니다."

"도착하면 바로 사장실로 오세요."

"네? 사장실로요?"

"일단 오세요."

김 주임, 사장실에 불려가다

김 주임은 8시쯤 사무실에 들어갔다. 팀원들이 모두 얼른 사장실로 올라가라고 난리다. 사장실에 갔더니 비서가 바로 사장실로 안내했다. 사장님, 본부장님, 기획실장님, 팀장님, 연구소장님 등 대여섯 명이 앉아 계셨다.

"사장님, 이 친구가 김 주임입니다."

"아, 그래요. 어서 들어오세요. 우리 김 주임이 업무 자동화를 그렇게 잘한다고 해서 내가 좀 물어볼 것도 있고, 요청할 것도 있어서 불렀습니다. 시간 괜찮나요?"

"네? 아, 네. 괜찮습니다."

"요즘 ChatGPT인가 뭔가 하는 걸 쓰면 오피스 업무를 자동화할 수 있다던데, 그걸 김 주임이 잘 안다면서요? 그래서 사내 전 직원을 대상으로 세미나를 열면 어떨까 합니다. 김 주임이 아는 걸 전 직원에게 알리면 우리 회사 생산성이 크게 증가하지 않겠어요?"

눈이 똥그래진 김 주임은 팀장의 눈치를 살폈다. 팀장이 바로 말을 이었다.

"네, 맞습니다. 사장님. 김 주임이 그간 했던 사례도 얘기하고, 다른 업무에서 ChatGPT를 활용해 자동화를 접목할 수 있는지도 얘기할 수 있을 것 같습니다. 사실 저희 마케팅팀이 전사 전 부서와 작업을 하는데요. 저희가 좀 주축이 돼서 ChatGPT 자동화를 이끌면 파급력이 클 것 같습니다."

사장이 박수치며 대꾸했다.

"맞습니다. 마케팅팀도 이제 다른 팀에서 한 걸 팔기만 할 게 아니라 마케팅을 중심으로 전 부서를 이끈다 생각해야 해요. 아니, 그럴 게 아니라 기획실장은 다음 달 조직개편에서 마케팅팀을 마케팅실이나 마케팅본부로 승격하는 것도 한번 고려해 보세요. 이런 일을 하려면 마케팅팀이 힘이 좀 있어야 하지 않겠어요? 그리고 김 주임은 이번 세미나 잘 부탁해요. 필요한 거 있으면 마케팅팀장한테 얘기하고, 마케팅팀장이 하기 어려운 게 있으면 나한테 와서 직접 보고하세요. 회의는 이 정도로 할까요? 김 주임, 잘 부탁합니다."

전사 ChatGPT 활용 세미나를 준비하다

사장실을 나오는 김 주임의 어깨를 마케팅팀장이 툭 쳤다.

"잘했어요. 회의실로 가서 세미나 얘기하죠."

두 사람은 회의실로 이동하여 세미나를 어떻게 진행할지 얘기했다.

"김 주임, 일단은 직원 대상 설문을 먼저 하세요. 평소에 하는 업무 중에서 자동화하고 싶은 오피스 업무가 뭔지 물어보고, 그걸 자동화하는 방법을 알려 주면 될 겁니다."

김 주임은 약간 막막했는데 팀장이 바로 해법을 알려주니 마음이 좀 놓였다. 자리로 돌아온 김 주임은 바로 설문을 만들고 팀장의 승인을 받아 진행했다. 하루도 안 돼서 엄청 많은 답변이 왔다. 김 주임은 답변을 일일이 읽어보면서 다음과 같은 주제를 이번 세미나에서 다루기로 정했다.

1. 지메일과 구글 캘린더 데이터 추출하기

2. 파워포인트의 제목 디자인 통일하기

3. 파워포인트의 표 디자인 통일하기

4. 파워포인트에 슬라이드 사진첩 만들기

5. 파이썬(Python)으로 포털 사이트 뉴스 추출하기

6. 간단한 행사 진행 안내용 웹 페이지 만들기

7. 웹 페이지에서 데이터 시각화하기

8. 구글 시트에서 ChatGPT 함수 쓰기

26

지메일과 구글 캘린더에서 데이터 추출하기

구글 시트에 지메일 데이터 가져오기

지메일(Gmail)을 사용하다 보면 수신자별로 얼마나 메일을 주고 받는지 통계를 내거나, 특정 수신자 메일만 추리거나, 특정 이름의 첨부 파일 정보만 추출하는 등 여러 용도로 메일을 스프레드시트에 정리하고 싶을 때가 있다. 이때 앱스 스크립트를 사용하면 아주 쉽게 원하는 대로 메일을 수집하고 정리할 수 있다.

일단 구글 스프레드시트를 새로 하나 만들고, 메뉴 탭에서 **[확장 프로그램]**을 선택한 다음 **[Apps Script]**를 클릭한다.

 지메일에서 내가 최근에 받은 메일 10개의 날짜, 송신자, 수신자, 메일 제목을 스프레드시트에 넣는 앱스 스크립트를 짜 줘

```
function getRecentEmails() {
    var sheet = SpreadsheetApp.getActiveSheet();
    sheet.clearContents();
    sheet.appendRow(["Date", "Sender", "Recipient", "Subject"]);
```

```
var threads = GmailApp.getInboxThreads(0, 10);
for (var i = 0; i < threads.length; i++) {
    var messages = threads[i].getMessages();
    for (var j = 0; j < messages.length; j++) {
        var message = messages[j];
        sheet.appendRow([
            message.getDate(),
            message.getFrom(),
            message.getTo(),
            message.getSubject()
        ]);
    }
}
```

처음 실행 시에는 인증을 요청할 수 있으며, 인증 후에는 코드가 실행됩니다.

실행이 완료되면 스프레드시트에서 "Date", "Sender", "Recipient", "Subject" 열과 함께 최근 10개의 이메일 정보가 추가됩니다.

만약 새로 만든 시트의 앱스 스크립트에서 실행 버튼이 비활성화 상태라면, 화면 오른쪽 위에 있는 [배포] 버튼을 클릭하고 [새 배포]를 눌러 배포해야 한다. 배포하는 방법은 114쪽의 4부 18장을 참고하자.

배포를 마치고 코드를 실행하면 최근에 받은 메일 정보가 시트에 바로 나타난다.

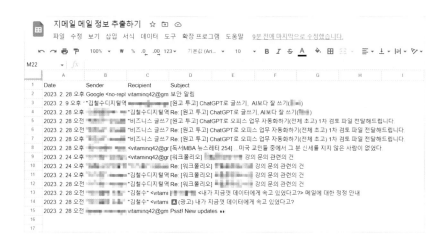

구글 시트에 구글 캘린더 데이터 가져오기

구글 시트에 구글 캘린더 정보를 가져오는 것도 무척 간단하다. ChatGPT에 요청만 하면 된다.

 구글 캘린더에서 2022년 일정을 구글 시트로 가져오는 앱스 스크립트를 짜 줘

```
function getCalendarEvents() {

    var ss = SpreadsheetApp.getActiveSpreadsheet();

    var sheet = ss.getActiveSheet();

    sheet.clearContents(); // 시트 내용 초기화


    var calendar = CalendarApp.getDefaultCalendar();

    var events = calendar.getEvents(new Date('2022/01/01'), new
    Date('2022/12/31')); // 2022년 일정
```

```
for (var i = 0; i < events.length; i++) {

    var event = events[i];

    var title = event.getTitle();

    var description = event.getDescription();

    var start = event.getStartTime();

    var end = event.getEndTime();

    sheet.appendRow([title, description, start, end]); // 시트
에 일정 정보 추가
    }
}
```

구글 시트에서 코드를 실행하면 이벤트명, 시작 일시, 종료 일시가 쭉 나타
난다.

	A	B	C	D
1	장██ ███ ██		2022. 1. 4 오전 10:3	2022. 1. 4 오전 11:3(
2	가██ ███ ██████		2022. 1. 7	2022. 1. 8
3	가██ ███ ███		2022. 1. 9	2022. 1. 10
4	정██ ██ · ███ ███		2022. 1. 10 오전 11:	2022. 1. 10 오후 12:
5	여██ ██		2022. 1. 12 오전 8:0	2022. 1. 12 오전 9:0
6	백 ██		2022. 1. 21 오전 12:	2022. 1. 21 오후 12:
7	가██ ████ ███ ███ ███		2022. 1. 25	2022. 1. 28
8	알██ ██		2022. 1. 25 오전 10:	2022. 1. 25 오전 11:
9	캠██ ███ ██		2022. 2. 6 오후 9:00	2022. 2. 6 오후 10:0
10	오██ ██ ███ ██		2022. 2. 7 오후 10:0	2022. 2. 7 오후 10:3
11	SQ██ ███ ██		2022. 2. 8 오후 4:00	2022. 2. 8 오후 5:00
12	삼 ███ ██ ██		2022. 2. 10	2022. 2. 11
13	[시██ ████ ███ ██ ███ ██		2022. 2. 10 오후 4:0	2022. 2. 10 오후 6:0
14	장██ ██		2022. 2. 16 오전 9:0	2022. 2. 16 오후 12:
15	종██ ██ ██, ██ ██		2022. 2. 21	2022. 2. 22
16	ST██ ████ ███ ██		2022. 2. 26	2022. 2. 27
17	장██ ██ ██		2022. 3. 7 오전 10:0	2022. 3. 7 오전 10:3
18	대██		2022. 3. 9	2022. 3. 10
19	가██ ██		2022. 3. 17	2022. 3. 18
20	수██ ·██		2022. 3. 26	2022. 3. 27
21	한██ ██ ██		2022. 3. 31	2022. 4. 1
22	장██ ██ ██		2022. 4. 10 오전 11:	2022. 4. 10 오후 12:
23	역██ █ ██ ██ ██		2022. 4. 15 오후 2:0	2022. 4. 15 오후 2:3
24	진██ ██ ██		2022. 4. 20 오후 2:0	2022. 4. 20 오후 3:0

구글 앱스 스크립트는 직장인이 자주 사용하는 지메일, 캘린더, 드라이브, 포토 등 구글의 거의 모든 서비스의 정보를 구글 시트로 추출해서 정리할 수 있다. 물론 이때는 해당 구글 시트가 해당 서비스를 다룰 수 있도록 액세스 권한을 허용해야 한다. 이 경우 메일로 보안 알림이 온다.

27

파워포인트에서
제목 디자인 통일하기

슬라이드 제목의 색깔과 크기를 통일하자

파워포인트로 보고 자료나 제안 발표 자료를 여러 사람이 같이 만들다 보면 종종 제목의 색깔이나 크기를 바꿀 때가 있다. 또는 자기도 모르게 제목을 건드려서 위치를 바꿀 때가 있다. 슬라이드를 한 장 한 장 따로 보면 문제가 없는데, 슬라이드 쇼를 하면서 슬라이드를 빨리 넘기면 제목의 스타일과 위치가 달라져서 초보 티가 확 난다. 중요한 자리라면 제대로 검토하지 않은 것처럼 오해받을 수도 있다.

이러한 문제를 바로잡으려면 슬라이드 마스터를 이용해 레이아웃을 다시 적용하면 된다. 그런데 슬라이드 마스터를 쓰지 않는 경우가 많다. 이전 슬라이드를 복사해서 쓰거나, 새 슬라이드를 만들어서 제목 개체만 복사해서 자기만의 스타일로 붙여넣다 보니 위치도 다르고 색깔이나 크기도 달라진다.

이를 한 번에 조정하려면 VBA를 쓰면 된다. VBA 코드를 모르니 ChatGPT에게 짜 달라고 하자. 그런데 문제가 있다. 어떤 것이 제목일까? 제목이라고 써 놓지 않았으니 제목이라는 개체를 찾을 수도 없다. 물론 첫 번째 개체가 TextBox 1이란 이름을 갖기는 하지만 텍스트박스를 여러 개 쓰다 보면 번호가 뒤섞인다.

이때 좋은 방법이 있다. 일반적으로 제목은 다른 글자에 비해 폰트 크기가 크다. 즉 일정한 폰트 크기 이상인 것을 제목으로 간주하고 바꾸면 된다. 위 예시에서 제목은 아무리 작아도 24포인트 이상이다. 따라서 크기가 22포인트보다 큰 개체를 찾아서 수정하면 된다. 여기서는 일단 작동하는 것을 보여줘야 하니 40포인트로 크게 키우는 코드를 짜 달라고 하자.

파워포인트 모든 슬라이드에서 글자 크기가 22포인트보다 큰 개체를 찾아 크기를 40포인트로 바꾸는 VBA 코드를 짜 줘.

아래와 같이 VBA 코드를 작성하면 파워포인트 모든 슬라이드에서 글자 크기가 22포인트보다 큰 개체를 찾아 크기를 40포인트로 변경할 수 있습니다.

```
Sub ChangeFontSize()
    Dim sld As Slide
    Dim shp As Shape
```

```
For Each sld In ActivePresentation.Slides
    For Each shp In sld.Shapes
        If shp.TextFrame.HasText Then
            If shp.TextFrame.TextRange.Font.Size > 22 Then
                shp.TextFrame.TextRange.Font.Size = 40
            End If
        End If
    Next shp
Next sld
End Sub
```

위 코드를 실행하면, 모든 슬라이드를 순회하며 슬라이드에 있는 모든 Shape을 검색하고, 해당 Shape의 텍스트 프레임에 텍스트가 포함되어 있으면, 글꼴 크기가 22보다 크면 글꼴 크기를 40으로 변경합니다.

파워포인트 예제 중에서 '파워포인트예제_파워포인트디자인통일하기.pptx' 파일을 열자. 표가 있는 첫 번째 슬라이드에서 Alt+F11 키를 눌러 VBA 편집기를 연다. 또는 파워포인트 메뉴 탭에서 마우스 오른쪽 버튼을 눌러 [리본 메뉴 사용자 지정]을 선택하고, 대화상자 오른쪽에서 [개발 도구]에 체크하여 추가하자.

왼쪽 상단의 프로젝트 탐색기에서 현재 파워포인트 목록을 더블 클릭해 새 모듈을 만들고, 편집 화면을 연다. 이 화면에 코드를 붙여넣고, 코드를 한 번 클릭한 다음 실행 버튼(단축키 F5)을 누르자.

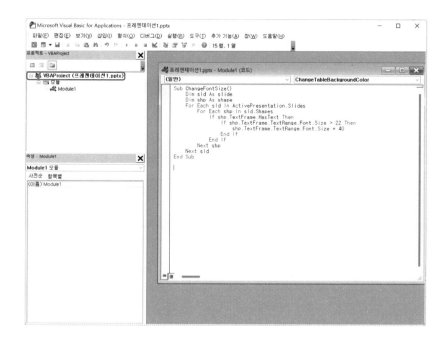

그러면 파워포인트의 모든 슬라이드에서 22포인트보다 큰 크기의 개체가 모두 40포인트 크기로 바뀐다.

슬라이드 제목의 위치도 통일하자

이어서 위치도 통일해 보자. 파워포인트에서 제목 개체를 선택한 다음 마우스 오른쪽 버튼을 눌러 [도형 서식]을 선택한다. 오른쪽에 도형 서식 패널이 나오면 위치를 찾으면 된다. 가로 위치와 세로 위치가 cm 단위로 적혀 있다. 대충 가로로 1.4, 세로로 1.3 정도 위치로 바꾸면 되겠다.

ChatGPT에게 제목 개체의 위치를 바꾸는 VBA 코드를 짜 달라고 하자.

 파워포인트 모든 슬라이드에서 글자 크기가 22포인트보다 큰 개체를 찾아 가로 위치를 1.4cm로 바꾸고, 세로 위치를 1.3cm로 바꾸는 VBA 코드를 짜 줘.

 아래와 같이 VBA 코드를 작성하면 파워포인트 모든 슬라이드에서 글자 크기가 22포인트보다 큰 개체를 찾아 가로 위치를 1.4cm로, 세로 위치를 1.3cm로 변경할 수 있습니다.

```
Sub ChangeObjectPosition()
    Dim sld As Slide
```

```
Dim shp As Shape
For Each sld In ActivePresentation.Slides
    For Each shp In sld.Shapes
        If shp.TextFrame.HasText Then
            If shp.TextFrame.TextRange.Font.Size > 22 Then
                shp.Left = 1.4 * 28.3465 ' 1.4cm를 포인트로 변환
                shp.Top = 1.3 * 28.3465 ' 1.3cm를 포인트로 변환
            End If
        End If
    Next shp
Next sld
End Sub
```

위 코드를 실행하면, 모든 슬라이드를 순회하며 슬라이드에 있는 모든 Shape을 검색하고, 해당 Shape의 텍스트 프레임에 텍스트가 포함되어 있으면, 글꼴 크기가 22보다 크면 가로 위치를 1.4cm, 세로 위치를 1.3cm로 변경합니다. 여기서 가로와 세로 위치는 각각 shp.Left와 shp.Top 속성을 이용해 변경하며, 1cm를 포인트로 변환하기 위해 28.3465를 곱해줍니다.

코드를 붙여넣고 실행하면 모든 제목의 위치가 같은 위치로 옮겨진 것을 볼 수 있다.

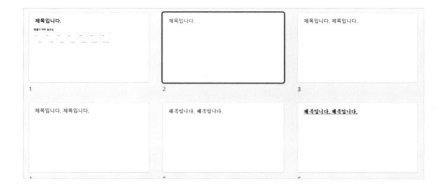

제목 색깔을 변경하거나 폰트를 바꾸는 것은 여러분이 직접 해보자.

슬라이드의 글자 크기가 다 비슷해서 특정 크기 이상을 지정할 수 없을 때도 있다. 이때 제목 개체를 찾는 방법 중 하나는 개체 이름을 사용하는 것이다. 만약 레이아웃을 그대로 사용하고 제목 개체에 제목을 썼다면, 제목 개체의 이름은 '제목 1' 같은 이름을 갖는다.

개체의 이름을 찾을 때는 [홈] 메뉴에서 오른쪽 끝에 있는 [선택]을 누른 다음 [선택 창]을 클릭한다. 그러면 오른쪽에 선택 패널이 나타나고, 현재 슬라이드에 있는 모든 개체 목록이 보인다. 여기서 목록을 선택하면 해당 개체가 선택된다. 이 개체 이름으로 특정 개체를 찾을 수 있다.

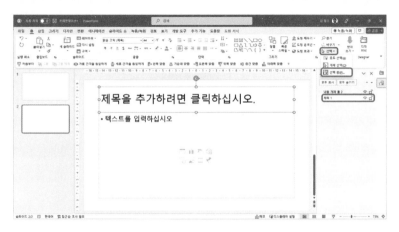

물론 중간중간 개체를 수정하거나, 새로운 개체를 사용했다면 이름이 다 달라질 수 있다. 가능하면 슬라이드 마스터에서 레이아웃을 먼저 정하고, 그 다음에 슬라이드를 만드는 것을 추천한다.

28

파워포인트에서
표 디자인 통일하기

파워포인트에서 표 디자인을 통일하자

파워포인트로 문서를 작성할 때 많은 사람들이 표를 자주 사용한다. 이때 여러 사람이 작성한 문서를 보면 표 형식이 제각각이다. 혼자 작업하더라도 여기저기서 표를 복사해 붙여 넣다 보면 같은 사람이 만든 자료인지 의심이 들 정도다.

예를 들어, 다음과 같이 네이버, 엑셀, 한글, 증권사 홈페이지에서 복사해 붙인 표가 모두 다 다른 디자인이다. 이렇게 다른 디자인의 표를 일일이 바꾸기는 쉽지 않다.

번호	가격	건수
456	6	4
65	6	6
6	6	6
6	5	6

통화명	매매기준율	전일대비	등락률
미국 USD	1,324.50	전일대비상승 4.00	
일본 JPY 100	968.52	전일대비하락 2.61	
유럽연합 EUR	1,405.29	전일대비상승 8.33	
중국 CNY	190.36	전일대비상승 0.80	
영국 GBP	1,602.25	전일대비상승 15.01	
호주 AUD	891.52	전일대비상승 3.22	
캐나다 CAD	976.41	전일대비상승 2.73	
뉴질랜드 NZD	816.02	전일대비상승 2.06	

통화명	매매기준율	현찰 사실 때	파실 때	송금 보내실 때	받으실 때	미화환산율
미국 USD	1,324.50	1,347.67	1,301.33	1,337.40	1,311.60	1.000
유럽연합 EUR	1,405.29	1,433.25	1,377.33	1,419.34	1,391.24	1.061
일본 JPY (100엔)	968.52	985.46	951.58	978.01	959.03	0.731
중국 CNY	190.36	199.87	180.85	192.26	188.46	0.144
홍콩 HKD	168.74	172.06	165.42	170.42	167.06	0.127

5부 _ 기타 오피스 도구 자동화하기

물론 테이블 디자인 기능을 이용하면 대략적으로 표의 선과 배경색 정도는 통일할 수 있다. 하지만 그 이상으로 맞추려면 손품을 팔아야 한다. 이럴 때 ChatGPT에게 VBA 코드를 짜 달라고 하면 된다. 예를 들어 첫 행에 노란색 배경을 넣어 보자.

 파워포인트 슬라이드에서 모든 표의 첫 번째 행의 배경 색깔을 노란색으로 바꾸는 VBA 코드를 짜 줘

 다음과 같은 VBA 코드를 사용하여 파워포인트 슬라이드에서 모든 표의 첫 번째 행의 배경 색상을 노란색으로 변경할 수 있습니다.

```
Sub ChangeTableBackgroundColor()
    Dim sld As Slide
    Dim shp As Shape
    Dim tbl As Table
    Dim row As Integer

    '각 슬라이드의 모든 모양에 대해 반복
    For Each sld In ActivePresentation.Slides
        For Each shp In sld.Shapes
            '모양이 표인 경우
            If shp.HasTable Then
                Set tbl = shp.Table
                '첫 번째 행의 배경 색상을 노란색으로 변경
                For row = 1 To tbl.Rows.Count
                    tbl.Rows(row).Shape.Fill.ForeColor.RGB =
RGB(255, 255, 0)
                Next row
            End If
        Next shp
    Next sld
End Sub
```

이 코드는 모든 슬라이드의 모든 모양을 반복하며, 각 모양이 표인 경우 해당 표의 각 행에 대해 첫 번째 행의 배경 색상을 노란색으로 변경합니다. 이 코드를 실행하려면 파워포인트를 열고 VBA 편집기를 열고, 모듈을 새로 만들어서 위 코드를 복사하여 붙여넣은 다음 실행하면 됩니다.

일단 ChatGPT가 알려준 코드를 복사하자. 예제 파일을 열고, 표가 있는 첫 번째 슬라이드에서 Alt+F11 키를 눌러 VBA 편집기를 연다. 왼쪽 위 프로젝트 탐색기에서 현재 시트를 더블 클릭해 새 모듈을 만든 다음 편집 화면을 연다. 이 화면에 코드를 붙여넣고 코드를 한 번 클릭한 다음 실행(단축키 F5) 버튼을 누르자. 그러면 바로 다음과 같이 에러가 발생한다.

디자인 코드는 ChatGPT에게 섬세하게 요청해야 한다

컴파일 오류가 발생하는 이유는 코드가 잘못되어서 그렇다. 코드가 잘못된 이유는 우리가 ChatGPT에 요청을 잘못했기 때문이다. 그렇다. 프롬프트를 잘못 쓴 것이다.

우리가 요청한 프롬프트는 "파워포인트 슬라이드에서 모든 표의 첫 번째 행의 배경 색깔을 노란색으로 바꾸는 VBA 코드를 짜 줘"였다. '표의 첫 번째 행의 배경 색깔'을 노란색으로 바꿔달라고 요청했는데, 우리는 말로 이렇게 표현할 수 있지만 코드는 이렇게 할 수가 없다. 코드는 표의 첫 번째 행을 한 번에 바꾸는 것이 아니라, 표의 첫 번째 행에 포함된 각 셀의 배경을 하나씩 바꾼다. 예를 들어 첫 번째 행에 4개의 셀이 있다면 4번 반복해서 색을 칠한 다는 뜻이다. 따라서 ChatGPT에게 다음과 같이 요청해야 한다.

 파워포인트 슬라이드에서 모든 표의 첫 번째 행의 모든 셀의 배경 색깔을 노란색으로 바꾸는 VBA 코드를 짜 줘

```vba
Sub ChangeTableBackgroundColor()
    Dim sld As Slide
    Dim shp As Shape
    Dim tbl As Table
    Dim row As Integer
    Dim col As Integer

    '각 슬라이드의 모든 모양에 대해 반복
    For Each sld In ActivePresentation.Slides
        For Each shp In sld.Shapes
            '모양이 표인 경우
            If shp.HasTable Then
                Set tbl = shp.Table
                '첫 번째 행의 모든 셀의 배경 색상을 노란색으로 변경
                For col = 1 To tbl.Columns.Count
                    tbl.Cell(1, col).Shape.Fill.ForeColor.RGB =
RGB(255, 255, 0)
                Next col
            End If
        Next shp
    Next sld
End Sub
```

앞의 코드와 비교하면 조금 달라진 것을 알 수 있다. 앞의 코드는 행(Rows)을 지정했다.

```
For row = 1 To tbl.Rows.Count
    tbl.Rows(row).Shape.Fill.ForeColor.RGB = RGB(255, 255, 0)
Next row
```

두 번째 코드는 셀(Cell)을 지정했다. Cell(1,1)은 첫 번째 행, 첫 번째 열이란 뜻이다. Cell(1,col)은 첫 번째 행에서 col로 지정한 셀을 뜻한다.

```
For col = 1 To tbl.Columns.Count
    tbl.Cell(1, col).Shape.Fill.ForeColor.RGB = RGB(255, 255, 0)
Next col
```

이 코드를 넣고 VBA를 실행하면 정상적으로 작동한다.

번호	가격	건수
456	6	4
65	6	6
6	6	
6	5	6

통화명	매매기준율	현찰		송금		미화환산율
		사실 때	파실 때	보내실 때	받으실 때	
미국 USD	1,324.50	1,347.67	1,301.33	1,337.40	1,311.60	1.000
유럽연합 EUR	1,405.29	1,433.25	1,377.33	1,419.34	1,391.24	1.061
일본 JPY (100엔)	968.52	985.46	951.58	978.01	959.03	0.731
중국 CNY	190.36	199.87	180.85	192.26	188.46	0.144
홍콩 HKD	168.74	172.06	165.42	170.42	167.06	0.127

통화명	매매기준율	전일대비	등락률
미국 USD	1,324.50	전일대비상승 4.00	
일본 JPY 100	968.52	전일대비하락 2.61	
유럽연합 EUR	1,405.29	전일대비상승 8.33	
중국 CNY	190.36	전일대비상승 0.80	
영국 GBP	1,602.25	전일대비상승 15.01	
호주 AUD	891.52	전일대비상승 3.22	
캐나다 CAD	976.41	전일대비상승 2.73	
뉴질랜드 NZD	816.02	전일대비상승 2.06	

5부 _ 기타 오피스 도구 자동화하기

표 안에 있는 글자 크기를 바꾸자

이어서 표의 글자 크기를 바꿔 보자. 이번에도 '셀'을 기준으로 코드를 요청해야 한다는 것에 주의하자.

 파워포인트 슬라이드에서 모든 표의 모든 행의 모든 셀에 있는 텍스트를 10포인트로 바꾸는 VBA 코드를 짜 줘

```
Sub ChangeTableFont()

    Dim slide As Slide
    Dim shape As Shape
    Dim tbl As Table
    Dim row As Row
    Dim cell As Cell

    '모든 슬라이드에 대해 수행합니다.
    For Each slide In ActivePresentation.Slides

        '모든 테이블에 대해 수행합니다.
        For Each shape In slide.Shapes
            If shape.HasTable Then
                Set tbl = shape.Table

                '모든 행에 대해 수행합니다.
                For Each row In tbl.Rows

                    '모든 셀에 대해 수행합니다.
                    For Each cell In row.Cells
                        cell.Shape.TextFrame.TextRange.Font.Size = 10
                    Next cell
                Next row
            End If
        Next shape
    Next slide

End Sub
```

코드를 파워포인트 VBA 편집기에 붙여넣고 실행하면 된다.

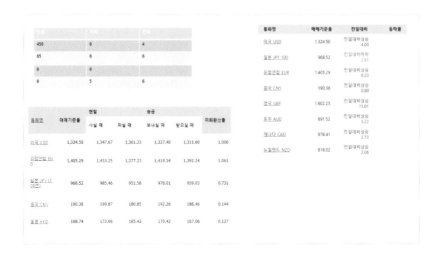

표 테두리도 통일해 보자.

 파워포인트 슬라이드에서 모든 표의 모든 행의 모든 셀의 테두리를 회색 1픽셀로 바꾸는 VBA 코드를 짜 줘

```
Sub ChangeTableBorders()

    Dim slide As Slide
    Dim shape As Shape
    Dim tbl As Table

    '모든 슬라이드에 대해 수행합니다.
    For Each slide In ActivePresentation.Slides

        '모든 테이블에 대해 수행합니다.
        For Each shape In slide.Shapes
            If shape.HasTable Then
                Set tbl = shape.Table
```

```
            With tbl.Borders
                .InsideColor = RGB(192, 192, 192)
                .InsideWeight = ppBorderWidth1pt
                .OutsideColor = RGB(192, 192, 192)
                .OutsideWeight = ppBorderWidth1pt
            End With
        End If
    Next shape
Next slide

End Sub
```

모든 셀에는 테두리가 4개 있다

이 코드는 작동하지 않는다. 그 이유는 앞서 언급한 행과 셀의 관계와 비슷하다. 행에는 여러 셀이 포함돼 있으므로 행을 지정하면 안 되고 행의 모든 셀을 지정해야 한다. 마찬가지로 셀에는 4개의 테두리가 있다. 따라서 왼쪽, 오른쪽, 위, 아래 4개의 테두리를 모두 지정해야 한다. 그리고 테두리 두께는 포인트 단위를 사용한다. 다음과 같이 ChatGPT에게 요청하자.

 파워포인트 슬라이드에서 모든 표의 셀에서 왼쪽 선, 오른쪽 선, 위쪽 선, 아래쪽 선을 모두 회색 2포인트로 바꾸는 VBA 코드를 짜 줘

```
Sub ChangeTableCellBorders()

    Dim slide As Slide
    Dim shape As Shape
    Dim tbl As Table
    Dim row As Row
    Dim cell As Cell
```

```
'모든 슬라이드에 대해 수행합니다.
For Each slide In ActivePresentation.Slides

    '모든 테이블에 대해 수행합니다.
    For Each shape In slide.Shapes
        If shape.HasTable Then
            Set tbl = shape.Table

            '모든 행에 대해 수행합니다.
            For Each row In tbl.Rows

                '모든 셀에 대해 수행합니다.
                For Each cell In row.Cells
                    With cell.Borders(ppBorderLeft)
                        .ForeColor.RGB = RGB(192, 192, 192)
                        .Weight = 2
                    End With
                    With cell.Borders(ppBorderRight)
                        .ForeColor.RGB = RGB(192, 192, 192)
                        .Weight = 2
                    End With
                    With cell.Borders(ppBorderTop)
                        .ForeColor.RGB = RGB(192, 192, 192)
                        .Weight = 2
                    End With
                    With cell.Borders(ppBorderBottom)
                        .ForeColor.RGB = RGB(192, 192, 192)
                        .Weight = 2
                    End With
                Next cell
            Next row
        End If
    Next shape
Next slide

End Sub
```

실행해 보면 테두리가 정상적으로 바뀐 것을 알 수 있다.

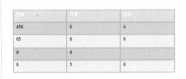

VBA로 디자인을 자동화하는 것은 쉽지 않은 일이다. 다만 컴퓨터의 시각으로 디자인을 바라보고 그에 맞춰 ChatGPT에게 요청하면 원하는 결과를 얻을 수 있다. 조금씩 수정해가며 원하는 디자인을 만들어보자.

TIP

간혹 표 디자인이 안 바뀐다고 하는 경우가 있다. 자세히 보면 표를 이미지로 붙여넣은 경우다. 이미 이미지가 된 것은 표로 보이지만 표가 아니다.

특정 슬라이드 안에 있는 표만 수정하고자 할 때는 ChatGPT에게 '2번과 4번 슬라이드' 등으로 지정해서 코드를 달라고 하면 된다.

29
파워포인트로
슬라이드 사진첩 만들기

사진 수백 장을 파워포인트 슬라이드마다 한 장씩 넣기

이벤트나 행사를 진행할 때 그동안 찍은 사진을 슬라이드쇼로 보여주는 경우가 있다. 이때 사진을 파워포인트 슬라이드에 한 장씩 배치하곤 하는데 이게 꽤나 귀찮은 일이다. 사진이 몇 장 안 되면 그냥 복사해서 붙여 넣으면 되는데, 사진이 100장 200장 넘어가면 쉬운 일이 아니다. 이럴 때에도 ChatGPT에게 VBA 코드를 요청하면 된다.

특정 폴더에 있는 모든 사진 파일을 복사해서 사진 하나당 파워포인트 슬라이드 한 장에 배치하는 VBA 코드를 짜 줘

다음은 VBA 코드 예시입니다. 이 코드는 선택한 폴더 내의 모든 이미지 파일을 찾아서 새 파워포인트 프레젠테이션을 만들고 각 이미지를 하나의 슬라이드에 배치합니다.

```
Sub CreatePresentationFromImages()

    '파일 탐색기 열기
```

```
With Application.FileDialog(msoFileDialogFolderPicker)
    .Title = "Select a folder"
    .AllowMultiSelect = False
    If .Show <> -1 Then Exit Sub
    folderPath = .SelectedItems(1)
End With

'새 프레젠테이션 만들기
Dim newPresentation As PowerPoint.Presentation
Set newPresentation = PowerPoint.Application.Presentations.
Add(msoTrue)

'폴더 내의 이미지 파일 찾기
Dim folder As Object, file As Object
Set folder = CreateObject("Scripting.FileSystemObject").
GetFolder(folderPath)
For Each file In folder.Files
    If LCase(Right(file.Name, 4)) Like ".jpg" Or
LCase(Right(file.Name, 4)) Like ".jpeg" Or LCase(Right(file.Name,
4)) Like ".png" Or LCase(Right(file.Name, 4)) Like ".gif" Then

        '새 슬라이드 만들기
        Dim newSlide As PowerPoint.Slide
        Set newSlide = newPresentation.Slides.
Add(newPresentation.Slides.Count + 1, ppLayoutBlank)

        '이미지 추가하기
        newSlide.Shapes.AddPicture file.Path, msoFalse,
msoTrue, 0, 0, -1, -1

    End If
    Next file

End Sub
```

이 코드를 실행하면 파일 탐색기 대화 상자가 열리고, 사용자가 선택한 폴더 내의 모든 이미지 파일을 파워포인트 슬라이드에 배치한 새 프레젠테이션을 만듭니다.

참고: 이 코드를 실행하려면 Microsoft PowerPoint 참조가 필요합니다. VBA 편집기에서 Tools > References를 클릭하고 Microsoft PowerPoint XX.X Object Library를 선택하십시오. XX.X는 설치된 PowerPoint 버전에 따라 다를 수 있습니다.

코드를 실행한 다음 본인 PC에서 이미지가 있는 폴더를 선택하면 다음과 같이 슬라이드에 이미지가 들어간 것을 볼 수 있다.

TIP

슬라이드에 사진을 배치하는 것도 물론 VBA로 가능하다. ChatGPT에게 이미지 객체를 어떻게 배치하는지 물어보자.

30

파이썬(Python)으로 포털 사이트의
뉴스 제목 추출하기

파이썬으로 뉴스를 수집한다고?

뉴스레터를 만들거나, 기획서를 작성하거나, 마케팅 자료를 조사할 때 포털 사이트에서 특정 검색어로 뉴스 제목을 가져와야 할 때가 있다. 보통은 일일이 접속해서 제목을 마우스로 드래그해 복사해 온다. 그런데 만약 10페이지에서 제목 100개를 긁어와야 한다면 쉬운 일이 아니다. 이걸 쉽게 할 수 있는 도구로 RPA가 있고, 비교적 쉬운 프로그래밍 언어로는 자바스크립트(Javascript)나 파이썬(Python)이 있다. 이번 장에서는 파이썬으로 뉴스 제목을 가져와 보자.

보통 직장인이라면 파이썬으로 코딩하는 법을 모른다. 파이썬을 실행하기 위한 환경을 설정해 놓지도 않았을뿐더러 파이썬을 사용할 일이 그리 많지 않다. 배우는 데 드는 수고에 비해 쓸모나 성과가 그리 크지 않을 수도 있다. 하지만 ChatGPT의 도움을 받으면 배우는 데 드는 수고가 확 줄어드니 한번 도전해 볼 만하다.

설치하지 않고 브라우저에서 파이썬 사용하기

일단 파이썬 실행 환경을 만들어야 하는데, 매우 귀찮은 작업이다. 그래서 프로그램을 설치하지 않고 크롬 계열 브라우저에서 바로 파이썬을 실행할 수 있는 구글 코랩(Google Colab)을 이용하자. 다음 주소로 접속해서 회원 가입을 해야 한다. 구글 계정이 있으면 바로 가입해서 무료로 사용할 수 있다.

https://colab.research.google.com/

가입을 마치면 '새 노트'를 만들 수 있다. 노트는 하나의 실행 파일이라고 보면 된다. [**파일**] 메뉴에서 [**새 노트**]를 선택해 새로운 노트를 만들자.

새 노트가 나타나면 입력창이 하나 생긴다. 이 입력창에 파이썬 코드를 넣고 왼쪽에 있는 [**실행 ◉**] 버튼을 누르면 코드가 실행된다. 코드는 입력창 단위로 나눠서 실행할 수 있으며, 왼쪽 위에 있는 [**+ 코드**]를 눌러 입력창을 계속 추가할 수 있다.

이제 ChatGPT에게 파이썬 코드를 작성해 달라고 하고, 답변한 코드를 구글 코랩에 붙여 넣으면 된다.

 구글 코랩에서 사용할 수 있는 파이썬 코드를 만들려고 한다. 특정 웹 페이지에서 a 태그의 텍스트를 모두 수집해서 출력하는 코드를 만들어 줘.

 구글 코랩에서는 파이썬을 이용하여 웹 스크래핑을 할 수 있습니다. 웹 스크래핑이란 웹 페이지에서 데이터를 추출하는 기술을 말합니다.

아래는 구글 코랩에서 웹 페이지에서 a 태그의 텍스트를 수집하고 출력하는 간단한 코드입니다.

```python
import requests
from bs4 import BeautifulSoup

# 크롤링할 웹 페이지의 URL
url = 'https://example.com/'

# requests 모듈을 사용해 웹 페이지에 GET 요청을 보내고, HTML 코드를 가져옴
response = requests.get(url)
html = response.text

# BeautifulSoup 모듈을 사용해 HTML 코드를 파싱
soup = BeautifulSoup(html, 'html.parser')
```

```
# 모든 a 태그를 선택하고, 텍스트를 가져와 출력
for a_tag in soup.select('a'):
    print(a_tag.text)
```

위 코드에서 url 변수에 크롤링할 웹 페이지의 URL을 지정하고, requests 모듈을
사용해 해당 URL로 GET 요청을 보냅니다. 그 다음, BeautifulSoup 모듈을 사용
해 HTML 코드를 파싱하고, select 메서드를 사용해 모든 a 태그를 선택합니다. a_
tag.text를 사용해 각 a 태그의 텍스트를 가져와 출력합니다.

이 코드를 일단 읽고 이해하려고 해보자. 그다음 코드를 복사해서 구글 코
랩에 붙여 넣자.

코드 수정하기

이 코드가 제대로 작동하려면 몇 군데 수정해야 한다. 일단 뉴스를 가져올
웹 페이지의 URL을 바로 적어야 한다. 여러 포털 사이트가 있지만 네이버 뉴
스를 이용하자. 네이버에서 "ChatGPT"로 검색한 다음 뉴스 메뉴를 누르자.

이 페이지에서 뉴스 제목 10개를 추출하려고 하니 주소창에 있는 주소를
복사해서 코드의 URL 값으로 집어넣자.

```
url = "https://search.naver.com/search.naver?where=news&sm=tab_jum&query
=ChatGPT"
```

코드를 실행하면 웹 페이지에서 링크가 있는 모든 요소의 텍스트가 쭉 나타난다. 즉, 웹 페이지에서 링크가 있는 모든 요소를 가져왔다.

만약 특정 요소를 가져오고 싶다면, 가져오려는 요소에 해당하는 태그(tag)를 넣어야 한다. 태그는 HTML 문서를 구성하는 기본 단위다. 단락을 구분하는 <div>, 하이퍼링크를 추가하는 <a>, 일반적인 본문을 뜻하는 <p>, 목록 형식을 만드는 <li> 등 다양하다. 우리는 뉴스 제목을 가져올 것이므로 뉴스 제목의 태그를 알아야 한다. 일단 네이버 뉴스를 열어놓은 브라우저에서 F12 키를 눌러 개발자 도구를 실행한다. 브라우저에 개발자 도구 패널이 나타나면

① 엘리먼트를 선택하는 아이콘(⊡)을 클릭한 다음 ② 첫 번째 제목 영역을 클릭한다. 그러면 개발자 도구 패널에 해당 영역의 태그가 음영으로 선택된 모습을 볼 수 있다.

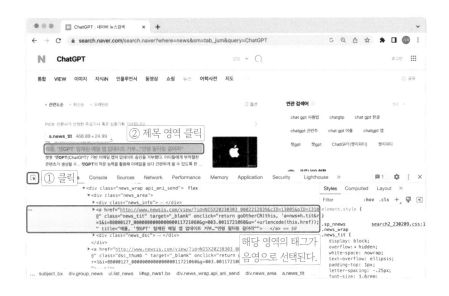

음영으로 선택된 태그를 자세히 보자.

```
▼<ul class="list_news">
  ▼<li class="bx" id="sp_nws1">
    ▼<div class="news_wrap api_ani_send"> flex
      ▼<div class="news_area">
        ▶<div class="news_info"> … </div>
        ▶<a href="http://www.newsis.com/view/?id=NISX20230303_0002212839&cID=13005&pID=13100"
          class="news_tit" target="_blank" onclick="return goOtherCR(this, 'a=nws*h.tit&r=1&i=880001
          27_000000000000011721060&g=003.0011721060&u='+urlencode(this.href));" title="애플, '챗GP
          T' 탑재된 메일 앱 업데이트 거부..."연령 필터링 걸어라"">…</a> == $0
        ▶<div class="news_dsc"> … </div>
      </div>
```

여기서 우리는 a 태그 안에 제목이 들어있다는 것을 알 수 있다. 그런데 a 태그는 여기 말고도 많이 있다. 여기만 있는 어떤 특징이 필요하다. 예를 들어 태그를 잘 보면 두 번째 줄에 class="news_tit"이라고 쓴 것을 볼 수 있다. 이건 CSS(Cascading Style Sheets)라고 해서 HTML 문서가 웹사이트에 표현되는 방법을 정해주는 스타일 기능이다. 워드나 아래아한글에서 사용하는 스타일과 같다고 보면 된다. 뉴스 제목을 하나의 스타일로 지정하면 화면에서 뉴스 제목은 모두 같은 크기나 색깔, 폰트로 표현되게 할 수 있다. 따라서 a 태그에 news_tit이라는 스타일이 적용된 것을 찾으면 뉴스 제목만 추출할 수 있다. a 태그에 news_tit 스타일을 적용한 태그는 다음과 같다.

```
a.news_tit
```

이를 for a_tag in soup.select('a'): 코드에서 a 대신 쓰면 된다.

```
for a_tag in soup.select('a.news_tit'):
```

이제 코드를 실행해 보자. 뉴스 제목 10개가 나타날 것이다.

다음 페이지 뉴스도 추출하기

여기까지 성공했다면 이제 다음, 다다음 페이지에서도 제목을 추출하고 싶을 것이다. 5페이지 정도 되는 뉴스 제목을 추출하려면 다음과 같이 해야 한다.

일단 반복문을 추가한다. 아래 반복문은 1, 11, 21, 31, 41, 51 값을 내놓으며 뒤에 나오는 코드를 총 6번 반복하는 코드다.

```
for i in range(1, 60, 10):
```

그다음 URL을 다음과 같이 수정한다. 끝을 보면 &start=' + str(i)가 추가된 것을 볼 수 있다. 네이버 뉴스는 페이지 구분을 start라는 파라미터로 한다. 첫 페이지는 숫자 1이 되고 두 번째 페이지는 숫자 11, 세 번째 페이지는 숫자 21이 된다. 따라서 이곳에 반복문의 변수 i를 집어넣는 것이다. str(i)라고 쓴 이유는 i가 숫자형이어서 문자형으로 바꾼 것이다.

```
url = 'https://search.naver.com/search.naver?where=news&sm=tab_jum&que-
ry=ChatGPT&start=' + str(i)
```

코드를 변경하고 실행하면 오류가 발생한다. 그 이유는 반복문 다음에 반복해야 할 코드는 들여쓰기를 해야 하는데 원래 코드가 들여쓰기가 안 되어서 그렇다. 다음 그림과 같이 반복할 영역을 블록으로 지정한 다음 키보드의 탭(tab) 키를 눌러 들여쓰기를 하면 정상적으로 작동하는 것을 볼 수 있다.

```
import requests
from bs4 import BeautifulSoup

for i in range(1, 60, 10):

    # 크롤링할 웹 페이지의 URL
    url = 'https://search.naver.com/search.naver?where=news&sm=tab_jum&query=ChatGPT&start=' + str(i)

    # requests 모듈을 사용해 웹 페이지에 GET 요청을 보내고, HTML 코드를 가져옴
    response = requests.get(url)
    html = response.text

    # BeautifulSoup 모듈을 사용해 HTML 코드를 파싱
    soup = BeautifulSoup(html, 'html.parser')

    # 모든 a 태그를 선택하고, 텍스트를 가져와 출력
    for a_tag in soup.select('a.news_tit'):
        print(a_tag.text)
```

반복문 아래에서는
들여쓰기를 하자.

not to be trusted on Korean names
정이와 ChatGPT 열풍…인공지능 어디까지 왔나?[모니터 딜로이트]
ChatGPT에게 호신술에 대해 물어보니?[노경열의 알쓸호이]
ChatGPT-themed stocks report triple-digit growth on Kosdaq
손호영 판사의 판례 공부 107-ChatGPT 세상
ChatGPT에 '부처님오신날' 법문을 부탁하니
ChatGPT-themed stocks report triple-digit growth on Kosdaq
손호영 판사의 판례 공부 107-ChatGPT 세상
자동차사고 과실비율, 챗GPT에게 물었다 [슬기로운 금융생활]
[칼럼] ChatGPT에 자기소개를 해달라 부탁해봤다
ChatGPT에 '부처님오신날' 법문을 부탁하니
[취재파일] 챗GPT 얼마나 똑똑한 지 테스트해보았습니다
ChatGPT fever prompts Korean firms to seek profits from AI services
"유·무료 차이" "업무 활용법"…챗GPT 후기 콘텐츠도 활발
ChatGPT가 교육원장의 해인사 주지 임명 비판
실리콘밸리 엔지니어들 "ChatGPT는 모두에게 기회"
실리콘밸리 엔지니어들 "ChatGPT는 모두에게 기회"
교육부, 대화형 인공지능 챗봇 'chatGPT' 공개 토론 [TF사진관]
The Chatbot Experiment Just Got Weird
```

지금까지 ChatGPT의 도움을 받아 포털 사이트 뉴스 제목을 파이썬 코드로 추출하는 방법을 살펴봤다. 하지만 어쩌다 한 번 쓰려고 파이썬 코드를 사용하기에는 가성비가 나오지 않는다. 본격적으로 파이썬을 사용해야 할 때 너무 막막하다면 ChatGPT의 도움을 받아 조금씩 공부해 보면 좋다.
```

31

간단한 행사 안내용
웹 페이지 만들기(html)

웹 페이지 만들기

행사 중간에 쉬는 시간이 있을 때, 간단한 행사 진행 화면을 보여줄 때가 있다. 보통 행사 제목을 쓰고 몇 시부터 시작한다는 파워포인트 슬라이드를 보여주곤 한다. 이것을 HTML로 만들어서 브라우저에 보이게 해 보자. 특히 현재 시각을 실시간으로 보여주는 기능을 추가해 보자.

다음 내용으로 HTML 코드를 만들어줘.

배경을 검은색으로 해 줘.

화면 위 왼쪽 끝에 흰색 글자로 "ABC전자 창업박람회"라고 써 줘.

화면 중앙에 흰 색 글자로 "잠시 후 오후 2시부터 행사가 계속됩니다."라고 써 줘. 글자 크기는 멀리서 보일 정도로 하되 너무 크지 않게 해 줘.

바로 아래에 현재 시각을 실시간으로 보여줘. 시각은 주황색으로 보여줘.

모든 코드에 설명을 추가해 줘.

```
<!DOCTYPE html>
<html>
<head>
    <title>ABC전자 창업박람회</title>
    <style>
        body {
            background-color: black;
        }
        h1 {
            color: white;
            position: absolute;
            top: 0;
            left: 0;
        }
        h2 {
            color: white;
            font-size: 4em;
            position: absolute;
            top: 50%;
            left: 50%;
            transform: translate(-50%, -50%);
        }
        p {
            color: orange;
            font-size: 2em;
            position: absolute;
            top: 70%;
            left: 50%;
            transform: translate(-50%, -50%);
        }
    </style>
</head>
```

```
<body>
    <h1>ABC전자 창업박람회</h1>
    <h2>잠시 후 오후 2시부터 행사가 계속됩니다.</h2>
    <p id="clock"></p>
    <script>
        function startTime() {
            var today = new Date();
            var h = today.getHours();
            var m = today.getMinutes();
            var s = today.getSeconds();
            m = checkTime(m);
            s = checkTime(s);
            document.getElementById('clock').innerHTML = h + ":" +
m + ":" + s;
            var t = setTimeout(startTime, 1000);
        }
        function checkTime(i) {
            if (i < 10) {i = "0" + i};  // add zero in front of
numbers < 10
                return i;
        }
        startTime();
    </script>
</body>
</html>
```


ChatGPT의 대답을 복사해서 메모장이나 노트패드에 붙여넣고 '진행화면.html'로 저장하자(웹 페이지를 만들려면 확장자를 꼭 html로 지정해야 한다). 이 파일을 브라우저에 가져다 놓으면 브라우저에서 화면이 나타난다.

ABC전자 창업박람회

잠시 후 오후 2시부터 행사가 계속됩니다.

12:46:41

HTML 수정하기

만약 페이지를 수정하려면 코드를 알아야 한다. 각 코드가 무슨 의미인지 모르니 모든 코드에 설명을 넣어달라고 하자.

모든 코드에 설명을 추가해서 다시 코드를 만들어줘

```html
<!DOCTYPE html>
<!-- 문서 타입 지시자를 정의합니다. -->
<html>
<!-- html 문서의 시작을 정의합니다. -->
<head>
<!-- head 영역을 정의합니다. -->
    <title>ABC전자 창업박람회</title>
    <!-- 페이지 제목을 정의합니다. -->
    <style>
    /* 스타일 시트를 정의합니다. */
        body {
            background-color: black;
            /* body 요소의 배경색을 검정색으로 지정합니다. */
        }
        h1 {
```

챗GPT와 업무자동화

```
        color: white;
        /* h1 요소의 글자 색상을 흰색으로 지정합니다. */
        position: absolute;
        /* h1 요소의 위치를 절대 위치로 지정합니다. */
        top: 0;
        /* h1 요소를 페이지 상단에 위치시킵니다. */
        left: 0;
        /* h1 요소를 페이지 왼쪽에 위치시킵니다. */
    }
    h2 {
        color: white;
        /* h2 요소의 글자 색상을 흰색으로 지정합니다. */
        font-size: 4
    (하략)
```

/*로 시작하는 줄이 설명 줄이다. 이 설명을 잘 보고 코드를 수정한 다음 저장한 뒤 브라우저를 새로고침하면 된다.

예를 들어 ABC전자 창업박람회 색깔을 노란색으로 바꾸고 싶으면 먼저 'ABC전자 창업박람회'가 있는 곳을 찾자. 가만 보니 h1 태그로 묶여 있다.

```
<h1>ABC전자 창업박람회</h1>
<h2>잠시 후 오후 2시부터 행사가 계속됩니다.</h2>
```

스타일 시트 정의에서 h1을 찾아서 color: white를 color: yellow로 바꾸면 된다.

```
h1 {
    color: white;
    /* h1 요소의 글자 색상을 흰색으로 지정합니다. */
```

HTML을 잘 몰라도 간단한 웹 페이지를 만들 수 있다. 실시간으로 시간이 나오는 등 원하는 화면을 먼저 생각한 다음 ChatGPT에게 코드를 짜 달라고 하자.

32

웹 페이지에서
데이터 시각화하기(D3)

웹 페이지에서 데이터를 시각화하는 D3

데이터를 시각화하는 방법은 매우 다양하다. 엑셀에서 차트를 이용할 수도 있고, 파워포인트에서 직접 그릴 수도 있다. R이나 파이썬을 사용해서 원하는 차트를 만들 수도 있다. 그런데 최근에는 웹 브라우저에서 시각화를 하는 경우가 많다. 인터넷 신문이나 블로그에서 화려한 차트를 보여주곤 하는데, 대표적인 예로 코로나 사태 때 전국민이 접속했던 코로나 라이브가 있다.

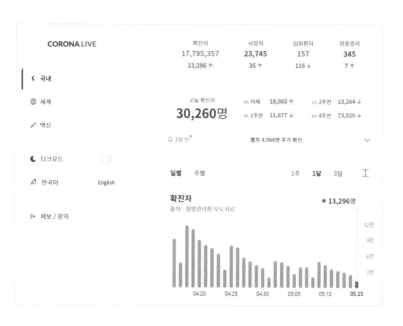

이 서비스는 브라우저에서 차트를 동적으로 보여준다. 이런 식으로 차트가 있는 웹 페이지를 만들고자 할 때 사용하는 기술이 D3.js다. ChatGPT에 D3.js가 뭔지 물어보자.

 d3.js에 대해 쉽게 설명해줘

 d3.js는 데이터 시각화를 위한 JavaScript 라이브러리입니다. "d3"는 "Data-Driven Documents"의 약어이며, 데이터가 시각화되는 방식을 프로그래밍으로 제어할 수 있습니다.

d3.js는 웹 브라우저에서 데이터 시각화를 만들기 위한 많은 도구를 제공합니다. 이를 통해 막대 그래프, 선 그래프, 산점도, 파이 차트 등 다양한 종류의 차트를 만들 수 있습니다. 또한, d3.js는 데이터 시각화의 기본적인 요소인 축, 레전드, 툴팁 등을 쉽게 추가할 수 있는 기능을 제공합니다.

d3.js는 다른 시각화 라이브러리와는 달리, SVG(Scalable Vector Graphics)를 사용하여 차트를 그리기 때문에, 화면 크기에 상관없이 선명하고 깔끔한 이미지를 제공할 수 있습니다. 또한, d3.js는 데이터를 다양한 형태로 가공할 수 있는 다양한 기능을 제공하기 때문에, 높은 수준의 유연성과 맞춤형 시각화를 구현할 수 있습니다.

그러나 d3.js는 처음 사용하기에는 상대적으로 어려울 수 있습니다. 이는 d3.js가 웹 개발 기술, 특히 HTML, CSS, JavaScript에 대한 이해가 필요하기 때문입니다. 그러나 d3.js를 배우고 익힌다면, 데이터 시각화에서 높은 수준의 제어와 유연성을 얻을 수 있습니다.

D3로 레이싱 차트 웹 페이지 만들기

D3를 사용하면 자바스크립트 코드로 원하는 차트를 얼마든지 만들 수 있다. 유튜브에서 많이 본 레이싱 차트도 D3로 만든 것이다. 레이싱 차트는 원래 막대 차트인데 시간에 따라 막대 크기가 늘었다 줄었다 하고, 순위도 달라지는 차트다. 영어로는 bar chart race라고 한다. 유튜브에서 bar chart race로 검색해 보자.

챗GPT와 업무자동화

이처럼 동적인 차트는 엑셀에서 만들 수 없다. 하지만 D3를 이용하면 누구나 쉽고 빠르게 만들 수 있다.

일단 ChatGPT에게 bar chart race 샘플을 만들어 달라고 하자.

 d3.js를 이용해서 bar chart race를 만들려고 한다. 샘플 html을 하나 만들어줘

```html
<!DOCTYPE html>
<html>
    <head>
        <meta charset="utf-8">
        <title>Bar Chart Race with D3.js</title>
        <script src="https://d3js.org/d3.v7.min.js"></script>
        <style>
            /* 스타일링 */
            .chart {
                background-color: #f5f5f5;
                padding: 10px;
                border-radius: 5px;
                box-shadow: 0 0 10px rgba(0, 0, 0, 0.1);
            }
```

```css
        .bar {
            fill: steelblue;
        }
        .bar-label {
            font-size: 16px;
        }
        .year-label {
            font-size: 32px;
            text-anchor: middle;
        }
    </style>
</head>
<body>
    <svg class="chart"></svg>
    <script>
    // 데이터
        const data = [
            { year: 2000, name: "John", value: 5 },
            { year: 2000, name: "Mary", value: 10 },
            { year: 2000, name: "Mark", value: 15 },
            { year: 2001, name: "John", value: 7 },
            { year: 2001, name: "Mary", value: 9 },
            { year: 2001, name: "Mark", value: 11 },
            { year: 2002, name: "John", value: 9 },
            { year: 2002, name: "Mary", value: 13 },
            { year: 2002, name: "Mark", value: 16 },
            { year: 2003, name: "John", value: 11 },
            { year: 2003, name: "Mary", value: 14 },
            { year: 2003, name: "Mark", value: 18 },
        ];

    // 차트 설정
        const width = 800;
```

```
                const height = 500;
                const margin = { top: 50, right: 50, bottom: 50,
        left: 50 };

                const svg = d3.select('.chart')
                .attr('width', width + margin.left + margin.right)
(하략)
```

소스가 길어서 중간에 잘랐다. 전체 소스를 메모장에 붙여넣고 d3.html로
저장한 다음 브라우저에서 불러보자. 그러면 다음과 같이 차트가 나타나고,
2000년부터 2003년까지 차트가 움직이는 것을 볼 수 있다.

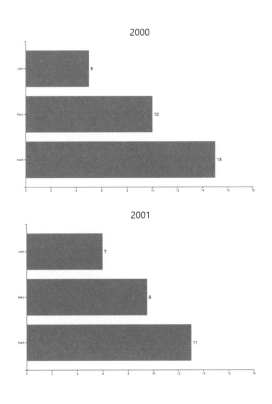

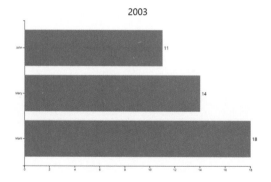

소스에서 설명을 잘 보고 설정 값을 바꾸면 설정 값에 맞춰 그래프가 바뀐다. 예를 들어 막대 색깔을 노란색으로 바꾸고 싶다면 스타일에서 bar의 색깔을 yellow로 바꾸면 된다.

```
.bar {
    fill: yellow;
}
```

파일을 저장하고 브라우저에서 새로고침 하면 막대 색깔이 노랗게 나타난다.

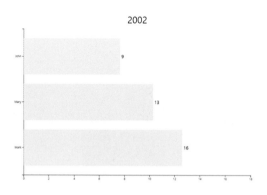

데이터 시각화 문서에 관심이 있다면 D3 홈페이지에 자세한 내용이 있으니 한번 접속해서 읽어 보자.

https://d3js.org/

레이싱 차트의 소스를 직접 수정해보고 싶다면 다음 주소로 접속해서 사용해 보자.

https://observablehq.com/@d3/bar-chart-race

33

구글 시트에서
ChatGPT 함수 사용하기

구글 시트에 ChatGPT를 넣을 수 있다고?

구글 스프레드시트와 구글 문서에서도 ChatGPT 함수를 쓸 수 있다. 정확하게는 ChatGPT가 아닌 GPT3를 사용할 수 있다. 우리가 열광한 ChatGPT는 GPT3.5를 사용한다. 두 버전 모두 배기량과 크기가 같지만, 튜닝을 다르게 한 스포츠카라고 이해하면 된다. GPT3.5가 좀더 대화형에 가깝게 튜닝됐다면, GPT3는 영어권에서 주로 사용하는 단순 기능을 모아두었다.

사실 필자는 이것을 추천하지 않는다. 목록을 뽑거나 채우기 같은 것은 함수나 앱스 스크립트를 쓰는 것이 낫다. 아직 GPT3는 ChatGPT만큼 우리 말을 잘 알아듣지 못할뿐더러 한 번의 기회밖에 없어서 사용하기가 쉽지 않다.

ChatGPT와는 결과가 좀 달라서 ChatGPT를 기대하는 마음으로 쓰면 안된다. 특히 한글에 매우 약하기 때문에 영어로만 요청하는 것이 좋다. 그래도 영어 요약이나 영어에서 다른 외국어로 번역하는 것, 영어 자료 요청하는 것 등은 ChatGPT만큼 한다. 물론 영어로 다 한 다음 결과를 한국어로 번역해서 쓰면 된다. 일단 여기서는 설치 방법과 사용 방법만 알아보자.

GPT3를 사용하려면 구글 시트와 구글 문서에 ChatGPT 확장 프로그램을 설치해야 한다. 구글 워크스페이스 마켓플레이스에서 GPT로 검색하면 GPT for Google Sheets and Docs가 보인다. 바로 가려면 다음 주소로 접속하거나 구글 에서 'GPT for Google Sheets and Docs'로 검색해 보자.

https://workspace.google.com/marketplace/search/GPT

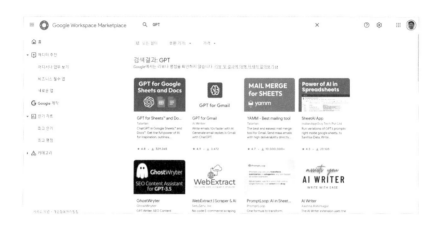

GPT for Google Sheets and Docs 확장 프로그램을 설치해 보자

GPT for Google Sheets and Docs 화면에서 [설치] 버튼을 누르자.

권한이 필요하다고 하면 [**계속**]을 누르고, 계정을 선택하라고 하면 [**계정**]을 선택하고, 액세스를 하려고 하면 [**허용**]하자. 정상적으로 진행했다면 설치했다는 메시지가 나타난다.

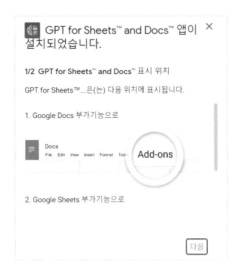

다음을 누르면 추가 설정을 하라고 나온다. [**추가 설정 지금 완료**]를 클릭하자.

그러면 GPT API를 설정하는 방법을 안내하는 페이지가 나타난다.

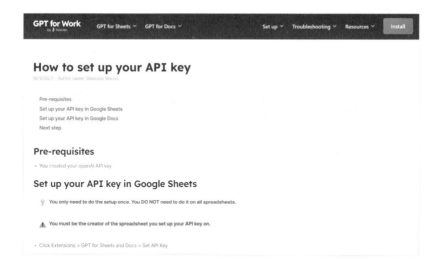

내용은 대강 이렇다. ChatGPT를 사용하려면 OpenAI API 키를 만들어야 한다. 그리고 그 키를 구글 시트나 문서에 입력해야 한다.

OpenAI의 API 키를 받아야 한다

일단 OpenAI 사이트에서 API 키를 발급받자. 다음 주소로 접속해서 오른쪽 위 [SIGN UP]을 눌러 회원 가입을 한다.

https://openai.com/api/

구글 계정으로 금방 가입할 수 있다. 가입을 완료한 다음에 나오는 화면에서 오른쪽 위에 있는 [계정명]을 클릭하고, 팝업 메뉴에서 [View API Keys]를 클릭하자. 그러면 API 키를 만들 수 있는 내용이 나타난다. 바로 가려면 다음 주소로 접속하자.

https://platform.openai.com/account/api-keys

화면 가운데에 **[+ Create new secret key]**를 클릭한다. 바로 키가 만들어진다. 복사해서 메모장 같은 곳에 저장해 놓자.

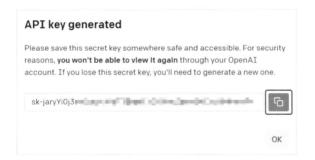

구글 시트로 돌아가서 새 시트를 만들자. 상단 메뉴에서 **[확장 프로그램]** − **[GPT for Sheets and Docs]** − **[Set API key]**를 클릭하자(브라우저 환경에 따라 GPT for sheet and Docs가 나오는 데 시간이 걸릴 수 있다).

챗GPT와 업무자동화

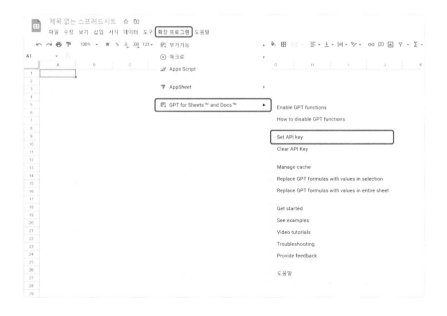

Api Key를 입력하라는 대화상자가 나오면 앞서 복사해둔 키를 입력하고
[Save API key]를 누른다.

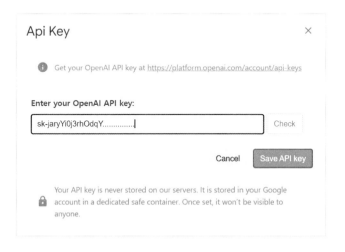

이제 GPT 기능을 활성화하면 된다. 상단 메뉴에서 **[확장 프로그램]** − **[GPT for Sheets and Docs]** − **[Enable GPT functions]**를 클릭하자.

GPT 활성화를 묻는 대화상자가 나타나면 **[OK]** 버튼을 누른다.

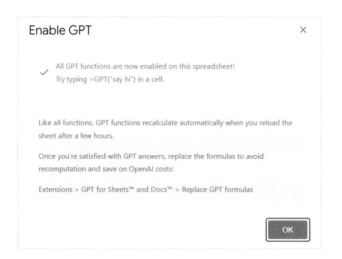

구글 시트의 셀에서 GPT 함수를 쓸 수 있다

여기까지 했다면 셀을 선택하고 '=gpt'를 입력해 보자. 관련 함수가 나타나면 성공이다.

이제 시트에서 GPT를 사용해 보자. 아무 셀에서나 =GPT(라고 쓰면 괄호 안에 프롬프트를 쓰면 된다고 형식을 알려준다.

바로 한 번 해보자.

=GPT("구글 시트가 뭐야?")

몇 초 정도 로딩 중이라고 나온다.

로딩이 끝나면 해당 셀에 결과가 출력된다.

줄바꿈을 한 다음 셀을 선택해 보면 GPT 함수가 적용된 것을 볼 수 있다.

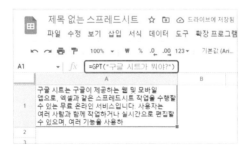

구글 시트에서 다른 시트로 넘어가면 GPT가 작동이 안 된다. 매 시트마다 [**확장 프로그램**] 메뉴에서 GPT for Sheets를 찾아 [**Enable GPT Functions**]를 눌러 기능을 활성화해야 한다. 이 메뉴 아래에 있는 [**도움말**]을 선택하면 관련 정보와 함수 사용법이 나온다.

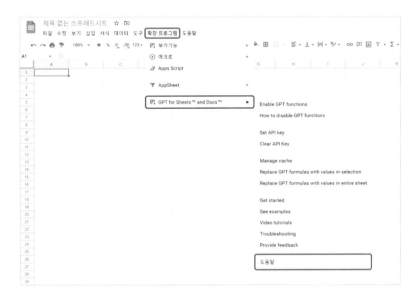

GPT API는 무료 평가판, 또는 유료 구독일 경우에만 사용할 수 있다. 무료 평가판에서는 속도와 횟수 제한이 있으며, 유료 구독일 경우 사용량에 따라 비용이 청구될 수 있다. 본인의 구독 종류를 잘 확인하고 사용하자.

API 키는 다른 사람에게 공개하면 안 된다. API 키는 라이선스와 같으므로 외부에 공개하지 말자. 또한, API 키를 다시 생성하면 이전 API는 작동하지 않는다. 이 점을 염두에 두자.

프롬프트 모음

1부. 부사수 대신 ChatGPT

1. 너는 언제까지 데이터를 학습했니?

2. 엑셀 2023 버전에 대해 알려줘

3. 현재 시간을 출력하는 엑셀 VBA 코드를 알려줘. 코드에 상세한 주석을 달아 줘

4. 코드에서 currentTime = Now() 이 무슨 의미야?

5. 네 번째 줄 코드는 무슨 뜻이야?

6. 아래아한글에서 표 서식을 바꾸는 구글 앱스 스크립트를 짜 줘

7. 프롬프트가 뭐지?

8. 엑셀의 버전별 차이를 알려줘

9. 엑셀 버전 차이

10. 현재 시간을 출력하는 엑셀 VBA 코드를 알려줘

11. 현재 시간을 출력하는 구글 앱스 스크립트를 알려줘

12. 현재 시간을 출력하는 파이썬 코드를 알려줘

13. 내가 만들고 싶은 홈페이지는 검은색 바탕에 흰색으로 큰 글자로 "디지털역량연구소 김철수 소장"이 써 있고 글자 폰트는 맑은 고딕에 굵었으면 좋겠다. 바로 밑에는 주황색으로 현재 시간을 보여줬으면 좋겠고 현재 시간은 앞에 나온 글자보다 좀 작아야 한다. 화면 가운데에는 햄버거 모양의 아이콘이 있고, 화면 왼쪽 하단에는 적당한 로고 이미지를

넣을 수 있게 하고 화면 가운데 하단에는 오늘 날짜를 쓰고, 화면 오른쪽 하단에는 무엇이든 물어보라는 버튼을 넣고 버튼을 누르면...

14. 현재 시간을 출력하는 엑셀 VBA 코드를 알려줘

15. 현재 시간을 출력하는 엑셀 VBA 코드를 알려줘. 코드에 상세한 주석을 달아 줘

16. 이름, 나이, 직업으로 가상의 데이터를 10개 만들어서 표로 보여줘

17. 엑셀 '통합시트'란 이름의 시트 D열에 영업사원 코드가 있다. 이 코드를 '영업사원코드' 시트 A열에 있는 영업사원 코드와 비교하려고 한다. 이와 관련한 함수를 알려줘.

18. 고마워. 그런데 COUNTIF 함수를 사용해도 되니?

2부. ChatGPT로 엑셀 자동화 시작하기

19. 엑셀 '통합시트'란 이름의 시트 D열에 영업사원 코드가 있다. 이 코드를 '영업사원코드' 시트 A열에 있는 영업사원 코드와 비교한다. 만약 영업사원코드' 시트 A열에 똑같은 코드가 없으면 셀에 노란색을 칠하는 방법을 알려줘

20. '통합시트' 시트 D열에 있는 영업사원 코드가 '영업사원코드' 시트 A열에 없으면 D열의 셀을 노란색으로 칠하는 방법을 알려줘.

21. 엑셀 G열에 날짜가 있다. 이 날짜가 "2023년 1월 28일" 이후면 2023년 1월 28일로 만드는 함수를 짜 줘

22. 엑셀 데이터에서 이상치를 찾는 방법을 알려줘

23. 엑셀 H열에 금액 데이터가 있다. 평균과 표준편차를 이용한 이상치를 계산하는 공식을 써줘.

24. 엑셀 I열에 수주 확률이 있다. J열에 현재 상황이 있다. 현재 상황이 '계약 완료'이면 수주 확률에 100%를 입력하고 싶다.

25. 엑셀 I열에 수주 확률이 있다. J열에 현재 상황이 있다. 현재 상황이 '계약 완료'이면 수주 확률에 100%를 입력하고 싶다. VBA 코드를 짜 줘

26. 매크로 언어

27. VBA는 매크로 언어야?

28. 엑셀 I열에 수주 확률이 있다. J열에 현재 상황이 있다. 현재 상황이 '계약 완료'이면 수주 확률에 100%를 입력하고 싶다. VBA 코드를 짜 줘

29. 다음 VBA 코드를 설명해 줘.

    Set rng = Range("I1:I" & Cells(Rows.Count, "I").End(xlUp).Row)

30. 엑셀 '통합시트' 시트 D열에 영업사원코드가 있다. '영업사원코드' 시트 A열에 영업사원코드가 있다. '통합시트' 시트 D열에 있는 영업사원코드가 '영업사원코드' 시트의 A열에 존재하지 않으면 '통합시트' 시트의 해당 행을 삭제하는 VBA 코드를 짜 줘

31. 아래 내용으로 엑셀 VBA 코드를 작성해줘.

    - '통합시트' 시트 D열에 영업사원코드가 있다.

    - '영업사원코드' 시트 A열에 영업사원코드가 있다.

    - '통합시트' 시트 D열에 있는 영업사원코드가 '영업사원코드' 시트의 A열에 존재하지 않으면 '통합시트' 시트의 해당 행을 삭제

32. 엑셀 H열에 날짜가 있다. 2023년 1월 28일 이후 날짜와, 날짜가 아닌 것을 모두 2023-01-28로 바꾸는 VBA 함수를 짜 줘

33. 엑셀 H열에 숫자가 있다. 평균과 표준편차를 이용해서 최대 이상치를 찾아 셀 배경을 노란색으로 칠하는 VBA 코드를 짜 줘

34. 어떤 폴더에 엑셀 파일이 여러 개 있다. 이 파일을 하나씩 열어서 첫 번째 시트에 있는 내용을 복사해서 하나로 합치는 vba 코드를 짜 줘.

35. 다음 코드에서 첫 번째 행을 빼고 복사하려면 어떻게 해야 해?

    ws.Range("A1").CurrentRegion.Copy

36. 엑셀 B열에 지점명이 여러 가지 있다. 각 지점명으로 엑셀 시트를 새로 만들어서 해당 지점명의 데이터만 입력하게 하는 VBA 코드를 만들어 줘. 첫 행도 모든 시트에 복사해줘

37. 엑셀에 있는 모든 시트를 특정 폴더에 각각의 엑셀 파일로 저장하는 VBA 코드를 짜줘.

38. 다음은 휴대폰 번호다. 10으로 시작하는 번호에는 앞에 0을 붙여줘. 모든 번호의 형식을 010-0000-0000 같은 형식으로 통일해서 다시 써 줘. 앞에 번호를 붙여줘

    010-5432-9876

    1088881111

    010-33337777

    010-2468-1357.

    010 9876 5432-

    010-7777-5555

    1011112222

    ...

39. 구글 시트 D열에 휴대폰 번호가 있다. '10'으로 시작하는 셀을 찾아서 앞에 '0'을 붙이는 앱스 스크립트를 짜 줘

40. 구글 시트 D열에 휴대폰 번호가 있다. 그런데 형식이 제각각이다. 형식을 통일하는 앱스 스크립트를 짜 줘

41. 다음에서 이메일을 추출해 줘

    cindyle ㄹe82@gmail.com

    johndoe25@야후닷컴

    이메일: nnasmith37@naver.com

    davidkim99@흐먀ㅣ.com

    ...

42. 다음에서 정확한 이메일만 추출해 줘

    ...

43. 다음은 잘못된 이메일 주소를 바로잡은 경우다.

    johndoe25@야후닷컴 -> johndoe25@yahoo.com

    이메일: nnasmith37@naver.com -> nnasmith37@naver.com

davidkim99@흐먀 | .채— -> davidkim99@gmail.com

...

44. 다음 이메일도 바로 잡아줘

fdaf@@abc.com

dfbaid@네이버닷컴

fddsaf@카카오

...

45. 구글 시트 F열에 있는 한글은 모두 지우는 스크립트를 짜 줘

46. 구글 시트 F열에 이메일 형식이 아닌 것을 찾아서 노란색으로 칠하는 스크립트를 짜 줘

47. 구글 시트에서 F열에 이메일 주소 형식이 아닌 셀을 정확하게 찾아서 노란색으로 칠하는 스크립트를 짜 줘

48. 다음을 2023-11-11과 같은 날짜 형식으로 바꿔줘

20230110

1월25일

20230109

...

49. 오늘이 며칠이지?

50. 구글 시트 H열에 다음과 같이 날짜 데이터가 뒤죽박죽 써 있다. 이걸 날짜 형식으로 바로 잡는 앱스 스크립트를 만들어 줘.

1월 9일

20230110

2023.1.10(화)

오늘 바로 할께요

1/16 예정

...

51. 활성화된 구글 시트의 I열에서 000-0000-0000 형식의 휴대폰 번호만 추출해서 J열에 입력하는 스크립트를 짜 줘

52. 다음은 앱스 스크립트다. 휴대폰 번호가 없는 경우 '없음'을 입력하려면 어떻게 해야 하지?

```
function extractPhoneNumbers() {
const sheet = SpreadsheetApp.getActiveSheet();
...
```

53. 다음에서 이름만 추출해줘

    김철수, 010-1111-1111, wtoday22@naver.com
    없습니다.
    이영호. 휴대폰 모릅니다. 이메일은 abc@gmail.com
    ...

54. 구글 스프레드시트1의 B열에 '신청자 이름'이 있고, K열에 '신청 강좌'가 있다. '신청 강좌'는 1개 이상의 강좌명이 쉼표로 구분되어 있다. 신청 강좌별로 신청자 이름을 새 시트에 나열하고 싶다. 앱스 스크립트를 짜 줘

55. TypeError: Cannot read properties of null (reading 'appendRow') 라는 오류가 나타난다.

56. 구글 시트 B열에 이름과 쉼표가 반복되는 데이터가 있다. 이름만 몇 개인지 C열에 숫자로 넣는 함수를 짜 줘

57. 특정 웹 페이지에 파라미터를 주고 나서 나타나는 페이지에서 연속된 숫자 5개를 추출하는 구글 앱스 스크립트를 짜 줘

58. 구글 시트에 이름, 환급액, 이메일 주소 데이터가 있다. 이메일 주소로 해당 환급액을 알려주는 메일을 지메일로 보내고 싶다.

59. 지메일에서 내가 최근에 받은 메일 10개의 날짜, 송신자, 수신자, 메일 제목을 스프레드 시트에 넣는 앱스 스크립트를 짜 줘

60. 구글 캘린더에서 2022년 일정을 구글 시트로 가져오는 앱스 스크립트를 짜 줘

61. 파워포인트 모든 슬라이드에서 글자 크기가 22포인트보다 큰 개체를 찾아 크기를 40포인트로 바꾸는 VBA 코드를 짜 줘.

62. 파워포인트 모든 슬라이드에서 글자 크기가 22포인트보다 큰 개체를 찾아 가로 위치를 1.4cm로 바꾸고, 세로 위치를 1.3cm로 바꾸는 VBA 코드를 짜 줘.

63. 파워포인트 슬라이드에서 모든 표의 첫 번째 행의 배경 색깔을 노란색으로 바꾸는 VBA 코드를 짜 줘

64. 파워포인트 슬라이드에서 모든 표의 첫 번째 행의 모든 셀의 배경 색깔을 노란색으로 바꾸는 VBA 코드를 짜 줘

65. 파워포인트 슬라이드에서 모든 표의 모든 행의 모든 셀에 있는 텍스트를 10포인트로 바꾸는 VBA 코드를 짜 줘

66. 파워포인트 슬라이드에서 모든 표의 모든 행의 모든 셀의 테두리를 회색 1픽셀로 바꾸는 VBA 코드를 짜 줘

67. 파워포인트 슬라이드에서 모든 표의 셀에서 왼쪽 선, 오른쪽 선, 위쪽 선, 아래쪽 선을 모두 회색 2포인트로 바꾸는 VBA 코드를 짜 줘

68. 특정 폴더에 있는 모든 사진 파일을 복사해서 사진 하나당 파워포인트 슬라이드 한 장에 배치하는 VBA 코드를 짜

69. 구글 코랩에서 사용할 수 있는 파이썬 코드를 만들려고 한다. 특정 웹 페이지에서 a 태그의 텍스트를 모두 수집해서 출력하는 코드를 만들어 줘.

70. 다음 내용으로 HTML 코드를 만들어줘.

71. 배경을 검은색으로 해 줘.

72. 화면 위 왼쪽 끝에 흰색 글자로 "ABC전자 창업박람회"라고 써 줘.

73. 화면 중앙에 흰 색 글자로 "잠시 후 오후 2시부터 행사가 계속됩니다."라고 써 줘. 글자 크기는 멀리서 보일 정도로 하되 너무 크지 않게 해 줘.

74. 바로 아래에 현재 시각을 실시간으로 보여줘. 시각은 주황색으로 보여줘.

75. 모든 코드에 설명을 추가해 줘.

76. 모든 코드에 설명을 추가해서 다시 코드를 만들어줘

77. d3.js에 대해 쉽게 설명해줘

78. d3.js를 이용해서 bar chart race를 만들려고 한다. 샘플 html을 하나 만들어줘

에필로그

ChatGPT와 오피스 업무 자동화 세미나는 성공적으로 끝났다. 세미나 말미에 사장은 이제 일하는 방식을 완전히 바꿔야 한다고 주문했다. ChatGPT는 단순히 기술이 아니라 새로운 직원, 최 사원, 최 대리, 최 차장, 최 팀장, 최 본부장이다. 우리의 부사수이기도 하고 사수이기도 하다. 사장은 김 주임을 회사에 새로운 CEO라고 소개했다. 그가 말한 CEO는 ChatGPT Executive Officer였다.

몇 달 후,

김 주임은 최연소 대리로 승진했다.

momo